Sebastian Barsch

# Inklusiven Geschichtsunterricht planen

Bibliografische Information der Deutschen Nationalbibliothek

Die Deutsche Nationalbibliothek verzeichnet diese Publikation in der Deutschen Nationalbibliografie; detaillierte bibliografische Daten sind im Internet über http://dnb.d-nb.de abrufbar.

Die Kleine Reihe Geschichte wird herausgegeben von Bernward Debus, Bettina Degner, Saskia Handro und Christoph Kühberger



www.wochenschau-verlag.de


Titelgestaltung: Ohl Design
Umschlagbild: alvaroc, adobe stock
Gesamtherstellung: Wochenschau Verlag
ISBN 978-3-7344–0933-2 (Buch)
**E-Book** ISBN 978-3-7344–0934-9 (PDF)

# 1. Einleitung

Seit der Unterzeichnung der UN-Behindertenrechtskonvention im Jahr 2009 hat die schulische Inklusion eine enorme Ausweitung erfahren. Auch die PISA-Studie stärkte das Bewusstsein für die Chancenungerechtigkeit segregierender Bildungssysteme, insofern sie vor allem auf den Zusammenhang von sozialer Herkunft und schulischem Erfolg hinwies. Dabei war über viele Jahre Inklusion ein Thema, mit welchem sich vor allem die Sonderpädagogik und die Bildungswissenschaften befassten. So wichtig dieser Zugang auch ist, offenbart sich hier aber eine Leerstelle, denn Unterricht an Schulen ist nach wie vor hauptsächlich in Fächern organisiert. Auch die Geschichtsdidaktik muss sich somit mit der Inklusion befassen, egal ob diese „eng" (bezogen auf Schüler:innen mit sonderpädagogischem Förderbedarf) oder „weit" definiert wird (bezogen auf schulische Vielfalt generell, wozu auch Unterschiede bezüglich sozio-ökonomischen Hintergründen, Sprache, religiöser Anschauung, sexuellen Identitäten etc. zählen). Letztlich ist zudem die Frage zu beantworten, wie besonders leistungsstarke Lernende motiviert und gefördert werden können. Vieles spricht indes dafür, sich der Inklusion in einem „breiten" Verständnis zuzuwenden, denn eine diagnostizierte Behinderung oder ein festgestellter sonderpädagogischer Förderbedarf ist in der Regel kein singuläres Phänomen: Beeinträchtigung des Lernens findet sich gehäuft bei Schüler:innen aus sozioökonomisch schwachen Familien, der „Förderschwerpunkt Lernen" wird öfter Kindern und Jugendlichen mit Migrationsgeschichte zugeschrieben als solchen ohne (Barsch 2018a, 64). Und auch innerhalb vermeintlich homogener Gruppen wie Gymnasiasten finden sich deutlich mehr Unterschiede zwischen den einzelnen Schülerinnen und Schülern als oft angenommen (Fereidooni 2012, 367). Zuwanderung und Migration bedingen zudem weitere Vielfalt, die sich sprachlich und kulturell äußern kann.

Weiter Inklusionsbegriff

Der vorliegende Band basiert auf der Annahme, dass ein „weites" Verständnis für Inklusion letztlich allen Lernenden zugutekommt. Praktische Antworten auf schulische Vielfalt sind darin zu sehen, dass inklusive Lernangebote sowohl im Sinne der Unterrichtsgestaltung als auch des Unterrichtsmaterials in der Regel mehrere Lernwege eröffnen, auf denen die Schüler:innen individuell fortschreiten können. Die hier vorgestellten Methoden richten sich daher nicht explizit auf Schüler:innen mit sonderpädagogischem Förderbedarf. Gleichwohl finden sich immer wieder Verweise auf sonderpädagogische Ansätze und deren Übertragbarkeit auf heterogene Lerngruppen. Auch lässt sich zum Stand der Inklusion vor allem dann etwas sagen, wenn Erkenntnisse zu „sonderpädagogischer" Inklusion betrachtet werden. Zusammengefasst kann das dem Band zugrunde liegende Inklusionsverständnis so skizziert werden:

Grundlegendes Inklusionsverständnis

- Es gibt keine homogenen Lerngruppen. Schulklassen sind stets durch Vielfalt gekennzeichnet.
- Die Sichtbarmachung von Vielfalt offenbart Differenzkategorien, die schulisches Lernen herausfordern: Behinderungen, sozio-ökonomische Unterschiede, sprachliche Defizite, Begabungen.
- Ein inklusiver Geschichtsunterricht versucht, Angebote historischen Lernens zu schaffen, die gemeinsames Lernen in der Vielfalt ermöglichen.
- Der Unterricht muss offen genug sein, um verschiedene Lernwege zu ermöglichen, dabei jedoch Orientierung bieten, damit Lernende die für sie möglichen Lernwege betreten können.
- Lehrpersonen müssen ihren eigenen Blick auf schulische Vielfalt reflektieren, letztlich auch ihr Geschichtsverständnis: Welche Geschichten sollten im Unterricht für wen wie bearbeitet werden?

Forschungslage

Die Forschungslage zur Inklusion aus bildungswissenschaftlicher und allgemeinpädagogischer Perspektive kann zunehmend als zufriedenstellend bezeichnet werden. Insgesamt kommt die Mehrzahl der Untersuchungen zu dem Ergebnis, dass für Schüler:innen mit sonderpädagogischem Förderbedarf die Beschulung im Kontext der Kulturtechniken und insgesamt in Hinblick auf ihre schulische Leistungsfähigkeit in inklusiven oder integrativen Regelschulen vorteilhafter sein kann (Lindsay 2007; Kocaj u.a. 2014; Klemm 2015, 20). So wurde festgestellt, dass eine inklusive Beschulung positiv für die Kompetenzentwicklung in den Bereichen Lesen und Rechtschreiben wirkt (Klemm 2015, 22). Neben Leistungszuwächsen im inklusiven Unterricht konnten auch positive Effekte auf das Sozialverhalten bei inklusiv beschulten Kindern und Jugendlichen festgestellt werden (Rea/McLaughlin/Walther-Thomas 2002).

Klare Befunde gibt es hinsichtlich der Frage, ob inklusiver Unterricht und gemeinsames Lernen die Leistungen der nichtbehinderten Schüler:innen negativ beeinflusst. Dies kann deutlich verneint werden. Die Leistungen der nichtbehinderten Kinder in inklusiven Klassen unterscheiden sich demnach nicht von denen in Schulen ohne Inklusion. Vielmehr zeigen einige Studien sogar Leistungszuwächse bei nichtbehinderten Lernenden in inklusiven Klassen (Feyerer 1998).

Schule jedoch nur als Raum der „Leistungserbringung" zu betrachten, greift zu kurz. Vielmehr ist sie ein umfassender Bildungsraum, in dem auch Persönlichkeitsentwicklung stattfindet. Welche Erkenntnisse gibt es zur sozialen Integration durch Inklusion? Welchen Einfluss hat die Inklusion auf die Identitäten von Schülerinnen und Schülern mit sonderpädagogischem Förderbedarf? Auch für diesen Bereich besteht noch Forschungsbedarf trotz einiger zuverlässiger Studien. Die Ergebnisse sind derzeit allerdings weniger positiv zu bewerten als diejenigen zur Leistungsfähigkeit. Sie weisen darauf hin, dass Schüler:innen mit sonderpädagogischem Förderbedarf öfter Ausgrenzungserfahrungen ausgesetzt sind (Krull/Wilbert/Hennemann 2014, 60). Das derzeitige Schulsystem scheint soziale Ausgrenzung daher noch zu fördern.

Welche Erkenntnisse gibt es bezüglich der Wirksamkeit spezieller methodischer Arrangements für den Unterricht in inklusiven Klassen? Weitgehend Einigkeit besteht darin, dass

Aspekte wie Diagnostik und Subjektorientierung generell Bestandteil von gelingender Unterrichtsplanung sein müssen, nicht nur für Schüler:innen mit sonderpädagogischem Förderbedarf. Diagnostik und Subjektorientierung sind dabei explizit auch Anforderungen an Geschichtslehrpersonen (Adamski 2014; Ammerer/Hellmuth/Kühberger 2015). Ganz praktisch gilt daneben ein gut funktionierendes Classroom-Management als wirksames Element für gelingenden inklusiven Unterricht, ebenso wie ein individuelles Feedbackverhalten und Notenvergabe auf Basis individueller Bezugsnormorientierung (Wilhelm 2012) anstelle kohortenbezogener Lernzielorientierung. Hoch wirksam sind zudem Formen des kooperativen Lernens, bei denen Kinder und Jugendliche mit unterschiedlichen Leistungsniveaus gemeinsam Probleme im Unterricht lösen. An Schulen, die positiv gegenüber Inklusion eingestellt sind, gelingt dies besser (Lindsay 2007).

### Inklusion und Geschichtsunterricht

Konkret auf das historische Lernen bezogen gibt es einige internationale Studien über die Wirksamkeit bestimmter Unterrichtsmethoden für inklusive Gruppen (ausführlich Barsch/Barte 2020). In diesen zeigte sich, dass allgemeinpädagogische Maßnahmen wie Scaffolding und Projektlernen positive Effekte haben können. Ebenso können gerade für Schüler:innen mit kognitiven Beeinträchtigungen Redundanzen und Phasen der direkten Instruktion gewinnbringend sein. Sehr wirksam für die Förderung historischen Denkens bei Kindern und Jugendlichen mit Lernschwierigkeiten scheint neben schüleraktivierenden Unterrichtssettings auch eine explizite Thematisierung geschichtstheoretischer Grundlagen wie die Auseinandersetzung mit dem Konstruktcharakter von Geschichte sowie der Reflexion der Erkenntnisgrenzen bei Quellen und Darstellungen zu sein (De La Paz/MacArthur 2003).

Derzeit liegen jedoch nicht ausreichend Studien vor, die ein klares Bild zur Effektivität von Methoden für den inklusiven Geschichtsunterricht erlauben. Lehrer:innen stehen allerdings bereits jetzt vor der Herausforderung, inklusiv Geschichtsunterricht planen und durchführen zu müssen. Der vorliegende Band will dabei Unterstützung bieten. Die hier vorgestellten Methoden und Ansätze verzahnen geschichtsdidaktische und pädagogische Ansätze, die bereits in diversitätssensiblen Kontexten Anwendung finden. Ebenso erlauben die wenigen praxisorientierten Materialien im Kontext inklusiven Geschichtsunterrichts (z.B. Alavi/Franz 2017) sowie neuere Ansätze aus Sonderpädagogik und Bildungswissenschaften wertvolle Hinweise für die Planung von inklusivem Geschichtsunterricht.

Neben konkreten methodischen Fragen ergeben sich durch die Inklusion auch grundlegende theoretische Fragen, die Einfluss auf die Konzeption historischen Lernens nehmen, denn die Diversität der Schülerschaft ernst zu nehmen bedeutet auch, geschichtsdidaktisch neue Wege zu gehen (dazu ausführlich Barsch/Degner/Kühberger/Lücke 2020). So müssen Lehrpersonen reflektieren, ob historisches Erzählen auch ohne elaborierte Sprache vollzogen und wie dies erfasst werden kann (Musenberg 2016). Vorstellungen von Geschichte können subjektiv triftig sein und müssen nicht zwangsläufig fachlichen Konventionen folgen, um Orientierung zu bieten (was nicht bedeutet, dass der Geschichtsunterricht nicht das Ziel verfolgen sollte, fachliche Kriterien zu verfolgen). Wie etwa können Lernende einbezogen werden, die nicht über verbale oder alternative Formen von Sprache (Gebärden, Talker etc.) verfügen? Wie kann ihr „Leibwissen" im Unterricht berücksichtigt werden (Völkel 2017)?

Inklusion und Diversität stellen Kategorien und Paradigmen der Geschichtsdidaktik (Geschichtsbewusstsein, Narrativität und den quellenbasierten Geschichtsunterricht) durchaus infrage (Lücke 2015). Bereits vor Jahrzehnten diskutierte Zugänge wie die historische Imagination, Ästhetik und Emotionalität dagegen werden wieder relevanter (Brauer/Lücke 2013). Die Inklusion adressiert aber nicht nur die methodische, sondern auch die *inhaltliche Ebene* des Geschichtsunterrichts. Wenn davon ausgegangen wird, dass Geschichte immer einen Lebensweltbezug haben soll, können nicht mehr die großen einheitlichen Erzählungen thematisiert werden. Auch eine nationale oder eurozentrische Perspektive kann nicht vorgegeben werden, wenn Migration als Normalzustand in der Geschichte bewertet wird. Vielmehr *müssten* auch die identitätsprägenden Familiengeschichten und die in den ethnisch und sozial unterschiedlichen Communitys verhandelten Geschichtsbilder in einem inklusiv verstandenen Geschichtsunterricht thematisiert werden. Diese Geschichten *können je nach Lerngruppe und Interessen völlig unterschiedlich sein.*

Aus geschichtsdidaktischer Perspektive stellen sich also zusammenfassend folgende Fragen im Kontext der Inklusion (entnommen und angepasst aus Barsch/Degner/Kühberger/Lücke 2020, 20–21):

- Welche Auswirkungen haben Diversität und Inklusion auf den einzelnen Schüler und die einzelne Schülerin im Geschichtsunterricht?
- Welche besonderen Impulse ergeben sich aus der Migration und dem gemeinsamen historischen Lernen von Schüler:innen mit und ohne Migrationshintergrund?
- Kann die Fähigkeit, historisch erzählen zu können, unter inklusiven Gesichtspunkten weiterhin als eine Kernkompetenz von Geschichtsunterricht postuliert werden? Wenn ja: Wie können solche Erzählungen aussehen? Was ist mit den Menschen, die nicht in der vorgestellten Weise in der Lage sind, historische Narrationen zu entwickeln?
- Welche Formen der Hilfestellung könnten für das historische Lernen sinnvoll sein? Inwiefern könnte der Erzählbegriff jenseits von Sprache und Text erweitert werden?
- Wie können Körper und Leib als Ausdrucksmittel historischer Narrationen wahrgenommen werden, wenn Sprache als Möglichkeit zur Artikulation nicht zur Verfügung steht?
- Was bedeutet Diversität und Inklusion auf der inhaltlichen Ebene? Welche neuen Geschichten sollen erzählt werden und warum? Wie können schon vorhandene Geschichten im Hinblick auf Inklusions- und Exklusionsvorgänge in der Vergangenheit fokussiert werden? Wie

sollen bisherige, exkludierende Narrationen neu erzählt werden?
- Bietet das chronologische Erzählprinzip von Geschichte im Geschichtsunterricht Orientierung oder verhindert es diese?
- Was bedeutet es, diskriminierungssensibel und sprachsensibel Geschichte zu unterrichten?
- Was bedeutet Inklusion für historische Medien- und Methodenkompetenz? Wie müssen also historische Quellen, die qua definitionem erst einmal nicht barrierefrei sind, für historische Lernprozesse aufbereitet werden, sodass sie zu Medien eines inklusiven Geschichtsunterrichts werden können? Bedeutet dies das Aus für einen quellenorientierten Geschichtsunterricht?
- Wie kann eine inklusive Erinnerungskultur aussehen? Inwiefern ist dazu Herrschaftskritik und Sichtbarmachung des Vergessenen notwendig? Wie kann die Erinnerungskultur Empowerment durch Erinnern und Geschichte fördern, sodass die Teilhabe an Geschichte für alle – auch die Machtlosen – möglich ist?
- u.v.m.

Das Buch befasst sich mit der Planung inklusiven Geschichtsunterrichts auf mehreren Ebenen. Zunächst werden im *zweiten* Kapitel grundlegende Überlegungen angerissen, wie inklusives historisches Lernen am gemeinsamen Gegenstand gestaltet werden kann.

Im *dritten* Kapitel werden die Möglichkeiten fachdidaktischer Diagnostik im Kontext inklusiven historischen Lernens untersucht. Insofern mit dem inklusiven Geschichtsunterricht eine noch stärkere Hinwendung zu Subjektorientierung historischen Lernens vollzogen wird, werden hier Möglichkeiten gezeigt, prozessbegleitend diagnostische Phasen in die Unterrichtsplanung einzubauen und Lernprozesse zu dokumentieren.

Im *vierten* Kapitel werden exemplarisch Bausteine für eine inklusive Unterrichtsplanung vorgestellt. Ein Fokus liegt einerseits auf methodischen Aspekten, andererseits auf solchen, die sich mit der Gestaltung von Unterrichtsmaterial befassen. Konkret sind dies einerseits die Vorteile von projektförmigem und kooperativem Unterricht, andererseits Gestaltungselemente wie das Universal Design of Learning oder sprachsensibler Geschichtsunterricht. Das *fünfte* Kapitel ist ein Vorschlag mit Planungsschritten für die Gestaltung inklusiven Geschichtsunterrichts, der als eine erweiterte Form einer Checkliste verstanden werden kann. Das *sechste* Kapitel skizziert daran anschließend exemplarisch Unterrichtsmaterial zum Thema „Ausgrenzung“.

Das Buch bietet keine Rezepte für „fertige“ Unterrichtsreihen. Dies wäre unter inklusiven Gesichtspunkten auch gar nicht möglich, denn die konkrete Unterrichtsplanung muss sich stets an den Bedarfen, Fähigkeiten, Fertigkeiten und Fragen der jeweiligen Schüler:innen richten. Es richtet sich an Studierende ebenso wie Referendar:innen sowie an etablierte Lehrpersonen, die inklusiv unterrichten oder neue Ideen für einen subjektorientierten Geschichtsunterricht bekommen möchten. Die vorgestellten Modelle, Konzepte und Methoden sind so ausgesucht, dass sie im Schulalltag genutzt werden können, ohne dass es zu einer wesentlichen Mehrbelastung der Kolleg:innen kommt. Die einzelnen Bausteine können losgelöst voneinander für die Unterrichtsplanung genutzt werden.

# 2. Theoretische Perspektiven

Allgemeindidaktisch, fachdidaktisch und sonderpädagogisch besteht weitgehend Konsens darüber, dass inklusiver Unterricht individuelle Lernwege ermöglichen muss, ohne dass die einzelnen Lernenden nebeneinander an verschiedenen Themen und (Fach-)Inhalten arbeiten. Dies kann gelingen, wenn der Unterricht Zieldifferenz erlaubt, aber den Lernenden ermöglicht, kooperativ Themen und Inhalte zu erarbeiten. Lernen wird als gemeinsamer gegenstandsbezogener Prozess verstanden, in dem jedes beteiligte Individuum so weit die eigenen Ziele verfolgt, wie es jeweils möglich ist. Ein Unterricht zum Thema „Königsherrschaft im Mittelalter“ könnte für einige Schüler:innen etwa das Ziel haben, Alltagsvorstellungen vom Mittelalter (Könige als absolute Herrscher) überhaupt aufzubrechen (für einige ggf. das Konzept „Epochen“ zu verstehen). Für andere könnte es bedeuten, sich quellenbasiert unter Zuhilfenahme wissenschaftlicher Lektüre mit dem Spannungsverhältnis von geistlicher und weltlicher Macht, dem Vasallentum und dem Wandel von Macht in verschiedenen Zeiträumen des Mittelalters zu befassen. Aus fachlicher Perspektive ist inklusiver Unterricht daher kein (radikal) offener Unterricht, sondern einer, der einen jeweiligen fachlichen Kern in den Mittelpunkt stellt.

Im Folgenden werden drei Ansätze vorgestellt, die auch für das historische Lernen geeignet sind, um gemeinsames zieldifferentes fachliches Lernen zu ermöglichen. Alle Ansätze gehen davon aus, dass Lernen in Kooperation und im Austausch über fachliche Inhalte und Themen stattfindet.

## 2.1 Lernen am gemeinsamen Gegenstand

Lernen am gemeinsamen Gegenstand

In der Inklusionspädagogik wurde schon früh postuliert, dass trotz zieldifferenter Zielformulierung ein gemeinsamer Kern Mittelpunkt des Unterrichts sein müsse, damit das gemeinsame Lernen der Schüler:innen nicht lediglich darin bestünde, dass sie die gleichen Räumlichkeiten bei ansonsten unterschiedlichen Lerninhalten nutzen. In der Sonderpädagogik wurde daher das Prinzip des „Lernens am gemeinsamen Gegenstand“ (Feuser 1989) entwickelt, bei dem sich die Lernenden mit ihren je unterschiedlichen Aneignungsweisen, Zugängen und Abstraktionsniveaus einem gleichen Thema bzw. Inhalt nähern (Alavi/Barsch 2018, 196). Differenzierung führt hier nicht zu einer Segmentierung der Lerngruppe. Ziel dieses Ansatzes ist es, „Bildungsinhalte so anzubieten, dass alle Schüler und Schülerinnen die ihnen möglichen entwicklungsbezogenen Zugangs- und Aneignungsmöglichkeiten nutzen können“, um eine „gemeinsame Beschäftigung mit dem gleichen Inhalt trotz unterschiedlicher Lernvoraussetzungen möglich“ zu machen (Alavi/Terfloth 2013, 195). „Entwicklungslogik“ wird hierbei als ein subjektiver Prozess verstanden, den es bei didaktischen Überlegungen zu berücksichtigen gilt: Hierbei soll nicht nur der diagnostizierte Ist-Stand des lernenden Subjekts einbezogen werden, sondern auch die „Zone der nächsten Entwicklung“. Damit ist das Niveau gemeint, welches Schüler:innen im gemeinsamen Handeln mit anderen entwickeln. „Für die Lehr- und Lernprozesse wird damit die ‚kooperative Tätigkeit am Gemeinsamen Gegenstand‘ der Lehrenden und Lernenden [...] zum didaktischen Zentrum pädagogischer Praxis.“ (Feuser 1999, 46)

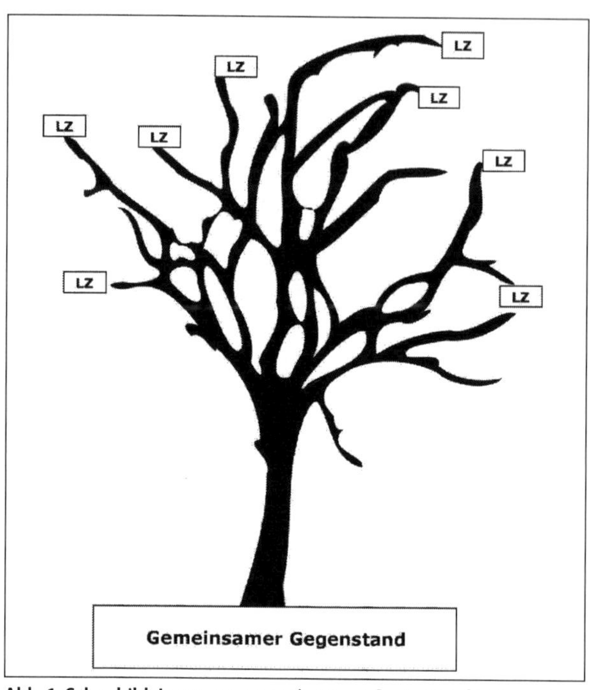


**Abb. 1: Schaubild „Lernen am gemeinsamen Gegenstand" (eigene Darstellung, basierend auf Feuser 1989), LZ = individualisierte Lernziele.**

Feuser selbst verwendet zur Erklärung seines Modells das Bild eines Baumes. Die Wurzel ist dabei das für alle gleich geltende Thema („Herrschaft im Mittelalter"), die Spitzen der einzelnen Zweige sind die zu erreichenden individuellen Lernziele, denen sich die Schüler:innen immer mehr annähern.

## 2.2 Dialogisches Lernen

Dialogisches Lernen

Das Feusersche Modell besitzt große Ähnlichkeit mit dem Ansatz des Dialogischen Lernens (Badr Goetz 2007). Lehren und Lernen wird hierbei als Dialog aller Beteiligten über den Lerngegenstand verstanden, der für alle zu neuen Erkenntnissen führt. Bei diesem Ansatz wird der „Gemeinsame Gegenstand" etwas breiter angelegt als sogenannte „Kernidee". Das Dialogische Lernen basiert auf vier Prämissen (gekürzt aus http://www.lerndialoge.ch/index.php/prämissen.html):

1. Wirksame Instruktion entspringt und mündet im Zuhören. Es ist denkbar, dass eine Lehrperson mit ihrem Angebot eine hervorragende Leistung erbringt, die Schüler:innen dies aber nicht nutzen können. Oder umgekehrt: Die Lernenden erbringen hervorragende Leistungen, aber die Lehrperson sieht sie nicht. In beiden Fällen ist die Unterrichtsqualität gering, weil zwar Höchstleistungen erbracht, aber nicht erkannt und genutzt werden. Deshalb muss die Lehrperson zuhören und ermitteln, wie ihr Angebot genutzt wird.
2. Motivation entsteht und entwickelt sich mit der Erfahrung, etwas ausrichten zu können und Fortschritte zu machen. Voraussetzung für die Entwicklung der Motivation ist die Erfahrung der Selbstwirksamkeit, der sozialen Eingebundenheit und der Autonomie.
3. Lernen bedeutet Umbau und Erweiterung, nicht Neubau. Unterricht darf das Singuläre – das, was ein Schüler oder eine Schülerin immer schon weiß und kann, seine Vorgeschichte, seine Vorurteile etc. – weder ignorieren noch entwerten. Was Schüler:innen denken und tun, ist oft nicht falsch, sondern anders. Diese singulären Konzepte müssen sichtbar und damit diskutier-, verhandel- und bearbeitbar gemacht werden.
4. Ohne Erfolg keine Anstrengung, ohne Anstrengung keinen Erfolg. Die Unterscheidung von Produkt und Prozess bringt eine Unterscheidung in der Bewertung mit sich. In der Dimension Produkt stehen Defizite im Vordergrund. Hingegen wird in der Dimension Prozess nach Qualitäten gesucht; Gelungenes wird bewusst gemacht.

Grundlegend für die Planung dialogischer Lernsettings ist, dass der Erkenntnisgewinn aus dem Dreischritt Ich – Du – Wir besteht: 1. So mache ich das! 2. Wie machst du das? 3. Wie gehen wir gemeinsam weiter vor?

Interessant an dem Ansatz für inklusives historisches Lernen ist die Verknüpfung individuellen Lernens mit dem gemeinsamen Erkenntnisfortschritt in der Gruppe (Kühberger/Barsch 2020). Indem sich die einzelnen Lernenden über ihre eigenen historischen Fragestellungen mit Peers und Lehrpersonen austauschen, erfahren sie Geschichte als etwas, was mit anderen Menschen ausgehandelt werden muss. Dialogisches Lernen wertet somit die individuellen Leistungen Einzelner innerhalb einer Gruppe auf. Dabei werden unterschiedliche Lernstände berücksichtigt, nicht aber bewertet. Lehrkräften kommt dabei die Aufgabe zu, einen dialogischen Lernprozess durch Eingabe einer Kernidee (Revolutionen) zu implementieren sowie durch Arbeitsaufträge die individuelle und kollektive Auseinandersetzung damit zu ermöglichen. Die Lernenden halten ihre Erfolge in Lernjournalen fest, die Basis individueller Feedbacks durch die Lehrkraft sind. Die Entwicklung von Fachwissen erfolgt diesem Ansatz nach im Austausch mit Peers (Mitlernenden) und Expert:innen (Lehrpersonen), indem die verschiedenen Zugangswege zu einem Thema miteinander verhandelt werden.

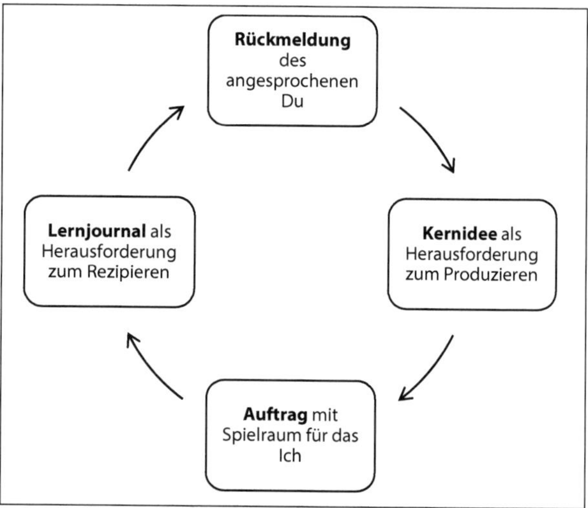


**Abb. 2: Regelkreis Dialogischen Lernens (nach: www.lerndialoge.ch/index.php/dialogisches-lernen-instrumente.html).**

## 2.3 Basiskonzepte als „gemeinsamer Gegenstand"

Basiskonzepte

In mehreren Fachdidaktiken – auch der Geschichtsdidaktik – wird seit einiger Zeit das Lernen entlang von Basiskonzepten ausgearbeitet. Diese können ebenso als „Gemeinsamer Gegenstand" oder „Kernidee" verstanden werden, sind jedoch konzeptionell stärker in den jeweiligen Fächern verortet. In anderen Fachdidaktiken, vor allem der Naturwissenschaften, wird die Idee des Lernens entlang von Basiskonzepten schon länger verfolgt. Für die Chemie etwa heißt es:

*„Wenn eine den Lernenden nicht gerechte Darstellung der Inhalte ein Grund für mangelndes Schülerinteresse ist, ist die dominierende Rolle der Methode des ‚fragend-entwickelnden Unterrichts' ein anderer. Allzu lange schon bewegt sich der Unterricht dabei auf den (im Kopf des Lehrers) vorgedachten Bahnen. Nicht passende Fragen werden beiseite gelassen, bevorzugt wird zielgerichtet auf die richtige Lösung (bisweilen gar auf eine ganz bestimmte Formulierung) zugesteuert. Falsche Antworten werden in der Regel nicht beachtet, schon gar nicht genutzt, um an ihnen gemeinsam mit den Schülern den Vorstellungen und Annahmen auf den Grund zu gehen, die zu einer Antwort geführt haben." (Demuth/Ralle/Parchmann 2005, 56).*

Ein ähnlicher Befund kann für das Fach Geschichte gestellt werden. Basiskonzepte sollen den Aufbau systematischen Wissens gewährleisten und gleichzeitig verschiedene subjektive Lernwege ermöglichen. Dabei gibt es keinen *richtigen* oder *falschen* Weg des Wissensaufbaus. Verschiedene Wege können erfolgreich sein. Basiskonzepte haben also ihren dezidiert fachlichen Kern, der durch Lernen erreicht werden soll. Basiskonzepte ermöglichen *„die strukturierte Vernetzung aufeinander bezogener Begriffe, Theorien und erklärender Modellvorstellungen, die sich aus der Systematik eines Faches zur Beschreibung elementarer Prozesse und Phänomene historisch als relevant herausgebildet haben*" (ebd., 57).

Für die Geschichtsdidaktik hat Christoph Kühberger Basiskonzepte fruchtbar gemacht. Auch er geht davon aus, dass „‚konzeptionelles Wissen' Konzepte, Theorien und Modelle zur Verfügung [stellt], die in variablen Situationen einsetzbar sind" (2012, 39). Kühberger postuliert, *„dass es eben nicht genügt, sich historisches Wissen anzueignen, sondern dass es genützt und verknüpft werden muss, indem vor dem Hintergrund der jeweiligen Gegenwart bzw. der erwarteten Zukunft selbstständig Positionen und abwägende Argumente entwickelt und gerechtfertigt werden* *müssen, um den fachspezifischen Lernprozess als Verstehen in Verbindung mit dem Vorwissen voranzubringen." (ebd., 59).* Basiskonzepten kommt somit die Funktion zu, Wissen über die Vergangenheit überhaupt anwendbar für die eigene Lebenspraxis zu machen, indem den Lernenden die Prinzipien eines historischen Phänomens und dessen exemplarischer Charakter verdeutlicht wird. Geschichtsdidaktische Basiskonzepte könnten etwa geschichtstheoretische wie „Zeitverläufe", „Perspektive" und „Bauplan" (Konstruktcharakter von Geschichte) sein. In einem Unterricht, der etwa das Konzept „Bauplan" adressiert, würden sich die Lernenden damit auseinandersetzen, wie Geschichte überhaupt entsteht. Die individuellen Lernziele könnten unterschiedlich sein. Für einige Lernende wäre das Ziel erreicht, wenn sie verstehen, dass es nur bruchstückhaftes Wissen über die Vergangenheit gibt, da diese in Quellen überliefert ist. Andere Schüler:innen könnten die Prinzipien der Multiperspektivität bearbeiten, wieder andere sich mit Geschichtspolitik und ihrem Einfluss auf die Geschichtsschreibung befassen. Alle würden sich auf einem für sie bewältigbaren Niveau mit dem „Bauplan" der Geschichte auseinandersetzen. Andere Basiskonzepte könnten gesellschaftliche wie „Macht" oder „Arbeit" sein (ebd., 58).

Bislang besteht kein Konsens über Bezeichnung und Anzahl geschichtsdidaktischer Basiskonzepte. Für den Unterricht können aber auch selbst gesetzte fachliche Begriffe (etwa Revolution oder Mittelalter) Kern des individualisierten Unterrichts sein. Grundlegendes Merkmal aber ist, dass nicht ein spezifischer Inhalt (Französische Revolution) Kern des Unterrichts bildet, sondern das dahinter liegende Prinzip (Revolution). Die Annahme ist, dass so subjektorientiertes historisches Lernen und subjektive historische Sinnbildung erleichtert werden, da die Lernenden forschend Wissen aufbauen und vernetzen können (um dann eben auch die Französische Revolution tiefer zu verstehen, etwa auch im Vergleich zur Amerikanischen Revolution).

# 3. Fachdidaktische Diagnostik

Diagnostik

Für die Planung inklusiven Geschichtsunterrichts kommt der Diagnostik der Lernausgangslage auch gemäß den oben dargestellten Planungsschritten ein zentraler Stellenwert zu, um den individuellen Bedürfnissen und Lernvoraussetzungen der Schüler:innen gerecht zu werden. Kritisch angemerkt werden könnte, dass meist recht vage bleibt, was im Unterricht tatsächlich an Diagnostik leistbar ist und diagnostische Verfahren oft methodisch nicht hinreichend objektiv sind. „Bescheidener wäre es sinnvoll, davon zu sprechen, dass Lehrer eine differenzierte Wahrnehmung von Lern- und Interaktionsprozessen benötigen, um einerseits selbst gezielt handeln und andererseits Spezialisten präzise Informationen liefern zu können." (Fromm 2019, 41)

Generell ist die Aufmerksamkeit für fachdidaktische Diagnostik zur Planung von Geschichtsunterricht, sei dies in Form von Leistungsdiagnose, Leistungsbewertung oder Leistungsbeurteilung, in den letzten Jahren deutlich größer geworden (Kühberger 2014, 11). Durch die Kompetenzorientierung wird Diagnostik zudem noch relevanter, denn „Kompetenzen lassen sich nicht *vermitteln*, die Lernenden müssen sie sich *aneignen* – und das braucht entschleunigtes Lernen, Raum für das Aushandeln von Sinndeutungen, Möglichkeiten für adäquates Präsentieren der Ergebnisse – also Zeit" (Adamski 2014, 7). Für die Planung inklusiven Unterrichts liegt ein besonderer Fokus auf Leistungs- oder Lernausgangsdiagnose, welche in „beurteilungs- und benotungsfreien Lernzeiten Ausgangspunkte für Reflexionen zu neuen Lernwegen für Schüler/innen" sein kann, indem der „Einblick in das fachspezifische Denken ihrer Schüler/innen und dessen Progression" Lehrpersonen Hinweise für den Aufbau spezifischer Lernarrangements liefert (ebd.).

Das Ziel jeglicher diagnostischer Maßnahmen ist es, ein möglichst objektives Bild über die einzelnen Schüler:innen oder Gruppen zu erhalten. Gleichwohl existiert in der Praxis ein Nebeneinander von expliziten und impliziten diagnostischen Methoden und Verfahren, worunter verschiedene Abstufungen hinsichtlich der Objektivität verstanden werden können. Sogenannte *explizite* Verfahren verfolgen den Anspruch, durch ein höheres Maß an Standardisierung Objektivität zu erreichen. Zu diesem Verfahren zählen etwa: Beobachtungsbögen, Diagnosebögen, Kompetenzraster, Selbstbeurteilungsbögen, Wissenstests, Schulleistungstests (Adamski 2014, 12; Hesse/Latzko 2017, 99).

Explizite Diagnostik

Alltagsdiagnostik

*Implizite* Diagnostik gehört zum Alltag jeder Lehrkraft. Hierbei handelt es sich eher um informelle Verfahren, etwa die Einschätzung des Lernerfolgs von Schüler:innen und Gruppen, Notizen, offene Beobachtungen, Einschätzung des sozio-ökonomischen Hintergrunds von Lernenden, die etwa zu situativen Entscheidungen bez. der Aufteilung von Lerngruppen, Formulierung von Arbeitsaufträgen u.Ä. führen (Hesse/Latzko 2017, 97).

Die Gefahr bei der impliziten Diagnostik besteht darin, die eigenen Urteile als objektiv und stabil wahrzunehmen. Diagnostik bedeutet demnach immer auch, sich der eigenen Stereotype und Fehldeutungen bewusst zu sein. So betont Fromm außerdem, dass Lehrkräfte dazu eine möglichst „wissenschaftliche" Haltung einnehmen müssen, wenn sie auf Schüler:innen und sich selbst schauen. Gerade in inklusiven Settings ist es jedoch notwendig, sich der Limitierungen der eigenen Beobachtungen klar zu werden (nicht adäquate Bildungssprache sagt etwa per se nicht etwas über historische Denkleistungen aus). Diagnostik kann somit (Fromm 2019, 42) …

1. explorativ sein: Ich möchte ernsthaft „Überraschendes" über meine Lerngruppe erfahren und lasse mich nicht von meinen blinden Flecken leiten. („*Ich kenne meine Pappenheimer nicht.*")
2. hypothesenprüfend sein: Ich schaue genau auf meine blinden Flecken („XY konnte das noch nie.") und prüfe, ob diese tatsächlich die Realität abbilden. („*Ich darf meine intuitiven Bewertungen nicht als objektiv bewerten.*")

Aus psychologischen Forschungen gibt es eine Reihe von empirisch nachgewiesenen Beobachtungsfehlern, die den eigenen Blick beeinträchtigen (Adamski 2014, 25 f.). So kann etwa der Ersteindruck auch folgende Einschätzungen beeinflussen oder die Bewertung von Vorurteilen getrübt sein.

Fromm verweist auf weitere Studien, die zeigen konnten, dass auch die Sitzordnung in einer Klasse die Wahrnehmung von Schüler:innen durch Lehrpersonen beeinflussen kann (2019, 43). Lernende, die im Blickfeld der Lehrpersonen sind, sind aktiver in das Unterrichtsgeschehen eingebunden:

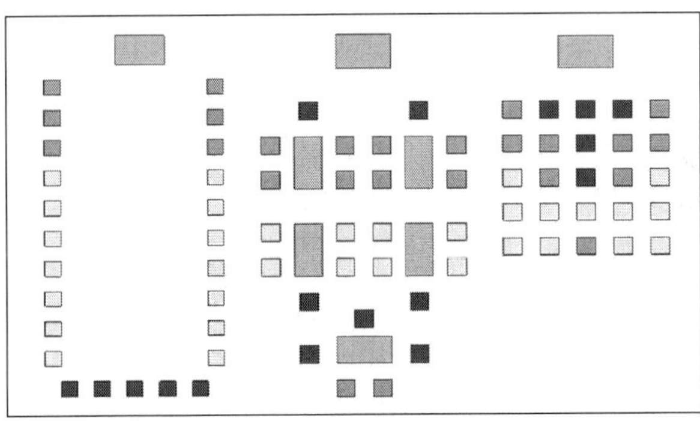

**Abb. 3: Interaktionsmuster im Klassenraum (aus: Fromm 2019, 44, je dunkler, desto höher die Interaktionspotenziale).**

Vorurteile reflektieren

Im Kontext von Diversität ist zudem die *Bedrohung durch Stereotype* (Stereotype-Threat-Effekt) zu beachten. Dies bedeutet, dass die Übertragung von Eigenschaften auf eine bestimmte Gruppe von Schüler:innen (etwa besondere Lernangebote für Schüler:innen mit dem Förderschwerpunkt Lernen) im Sinne einer self-fulfilling Prophecy dazu führt, dass diese die ihnen zugeschriebenen Eigenschaften dauerhaft annehmen (Barsch 2013, 97). Eine diagnostische Einschätzung, die etwa dazu käme, für diese Gruppe dauerhaft keine herausfordernden Textquellen zur Verfügung zu stellen oder Aufgaben lediglich aus dem Anforderungsbereich 1 zu formulieren, könnte somit dazu führen, dass die Schüler:innen für sich dauerhaft übernehmen, solche Leistungen nicht erbringen zu können.

Obwohl gewisse Gefahren der Fehleinschätzungen bei der impliziten, informellen Diagnostik bestehen, kann diese für den schulischen Alltag aus den oben genannten Gründen wichtig sein. Gleichwohl kann mit Hesse und Latzko gesagt werden, dass implizites Diagnostizieren stets durch explizite Maßnahmen ergänzt werden sollte, damit Fehleinschätzungen möglichst vermieden werden (2017, 97). Dies gilt insbesondere vor dem Hintergrund, dass es für das Fach Geschichte bislang kaum Verfahren der expliziten Diagnostik gibt (Adamski 2014, 19). Gleichwohl ist insbesondere der oben formulierte Hinweis auf die Entwicklung einer entsprechenden Haltung, die das Hinterfragen der eigenen diagnostischen Urteile als notwendig für die diagnostische Kompetenz von Lehrpersonen betrachtet, außerordentlich wichtig. Mehrere Autor:innen weisen daher darauf hin, dass für die fachdidaktische Diagnostik mehrere Gütekriterien berücksichtigt werden müssen:

| **Objektivität (Unabhängigkeit)** | **Reliabilität (Zuverlässigkeit)** | **Validität (Gültigkeit)** | **Ökonomie (Aufwand)** |
|---|---|---|---|
| Die Ergebnisse des diagnostischen Verfahrens sind von den Erwartungen, Vorannahmen und Vorurteilen der durchführenden Lehrperson unabhängig. Beobachtungsfehler sollen ausgeschlossen werden. | Das diagnostische Verfahren führt in anderen Situationen zu ähnlichen Ergebnissen. Eine andere Person, die den Test durchführt, kommt auch für dieselbe/denselben diagnostizierte/n Gruppe/Schüler:in zum gleichen Ergebnis. | Es wird wirklich das gemessen, was gemessen werden soll. Ein Sprachtest sagt etwa nicht zwangsläufig etwas über Werturteilskompetenz aus. | Das Verfahren steht in einem sinnvollen Verhältnis zur Unterrichtsrealität. Diagnostische Tests etwa, die nur außerhalb des Unterrichts durchführbar sind (etwa bei Einbezug des sozialen Umfeldes), sind in der Praxis kaum durchführbar. |

**Tab. 1: Gütekriterien für Diagnostik (nach: Adamski/Bernhardt 2012, 403; Kühberger 2014, 10).**

Fachdidaktische Kriterien

Für das inklusive historische Lernen legten Bormuth, Körber und Seidl jüngst ein Modell vor, welches pädagogisch-didaktische Kriterien der Diagnostik mit fachdidaktischen Kriterien verbindet:

| Fachdidaktische Kriterien | Pädagogisch-didaktische Kriterien |
|---|---|
| a) **Narrative Ausdrucksfähigkeit**<br>b) **Zeit und Orientierung**<br>• Zeitvorstellung/Orientierung<br>• Datums-/Verlaufsmodelle<br>• Lebensweltlicher Bezug<br>• Irritation<br>a) **Unsicherheits-/Ambiguitätstoleranz**<br>b) **Sachkompetenz/Kenntnis historischer Theorien sowie Ge- und Begebenheiten**<br>c) **Methodenkompetenz** | d) **Sprachbezogene Aspekte**<br>• Sprachliche Kompetenzen<br>• Schriftsprachliche Darstellungsfähigkeit der Lernenden<br>• Sprachliche Komplexität des Textes<br>e) **Abstraktion und Reflexion**<br>• Abstraktes Denken<br>• Problemwahrnehmung<br>• (Selbst-)Reflexion<br>f) **Urteilsbildung***<br>• Fragekompetenz<br>• Urteilskompetenz<br>g) **Soziale und selbstregulierende Fähigkeiten**<br>• Kooperation<br>• Konzentration<br>• Konsequentes und kontinuierliches Arbeiten<br>h) **Physiologische-sensorische Aspekte**<br>• Sprechfähigkeit<br>• Auditive Wahrnehmung<br>• Visuelle Wahrnehmung<br>• Motorik<br>i) Motivation<br>j) Mediennutzung |

**Tab. 2: Aufstellung der Diagnostikkriterien (aus: Bormuth/Körber/Seidl 2020, 342). * Schnittstelle mit den fachdidaktischen Kriterien**

Zugegeben: Dies sind außerordentlich hohe Ansprüche für eine Diagnostik, die im Unterrichtsalltag durchgeführt werden soll. Adamski fragt daher auch, ob eine implizite Diagnostik nicht eher den reellen Möglichkeiten in Schulen entspricht. Tatsächlich kann nicht darüber hinweggetäuscht werden, dass für das historische Lernen, speziell in inklusiven Klassen, bislang kaum Material für die explizite Diagnose existiert. Praxistaugliche Verfahren werden daher nicht in allen Fällen den strengen Gütekriterien entsprechen. Gleichwohl dienen diese gleichsam als Zielmarke und Reflexionsinstanz über die tatsächlichen diagnostischen Tätigkeiten. Die Leitfragen können somit auch zur Überprüfung der eigenen Einstellungen herangezogen werden:

Leitfragen zur Diagnostik

- Bin ich objektiv oder gegenüber manchen Lernenden voreingenommen? Lasse ich mich bei der Planung der Diagnoseaufgabe von meinen eigenen Erfahrungen und Erwartungen leiten? Welche Kriterien begründen meine Einschätzung?

- Würde mein diagnostisches Verfahren auch in einer anderen Lerngruppe funktionieren? Würden meine Kolleg:innen die Diagnoseaufgabe ebenso verwenden können?
- Kann meine Aufgabe wirklich die (kleine, begrenzte) Kompetenz oder Vorstellung der Lernenden erfassen, die ich erfassen möchte?
- Kann ich das diagnostische Verfahren so durchführen, dass es nicht übermäßig Zeit beansprucht?

Gerade der letzte Punkt ist letztlich leicht zu lösen. Wenn nämlich Diagnostik nicht als Add-on zum regulären Unterricht gesehen wird, sondern als elementarer Bestandteil, ergibt sich hier keine Mehrbelastung.

*„Die Diagnose muss Bestandteil des Unterrichts sein, d. h. während unterrichtlicher Situationen erfolgen. Das erfordert Lehr-/Lernarrangements, die Lernen sichtbar machen, z. B. offene Formen, in denen beobachtet werden kann, wie Gruppen arbeiten, mit welchen Schwierigkeiten sie zu kämpfen haben, welche Lernstrategien einzelne Lerner bevorzugen, welche Fachbegriffe bekannt, welche Aufgabenstellungen gelungen, herausfordernd oder banal sind – und für wen." (Adamski 2014, 20).*

Dazu ist ein Unterricht notwendig, der die Fragen und Deutungen der Lernenden in den Mittelpunkt stellt, ihnen somit genügend Raum für Reflexionen und eigenständige Lernwege ermöglicht.

Diagnostik funktioniert nicht top-down. Gegenüber den Lernenden muss Transparenz hinsichtlich der Ziele und Anforderungen bestehen, um die Lernenden „mit ins Boot" zu holen.

## 3.1 Diagnostische Verfahren

Diagnostische Verfahren

Die Wahl des diagnostischen Instruments ist abhängig von den jeweiligen Lernenden. Es kann durchaus sinnvoll sein, innerhalb einer Lerngruppe verschiedene Aufgaben zu verwenden, um ähnliche Phänomene zu erfassen. So können Präkonzepte der Schüler:innen (Vorstellungen ohne den direkten Einfluss des Unterrichts) etwa zum Mittelalter über das Schreiben von Essays erfasst werden. Lernende, die nicht schreiben können, könnten etwa ein Bild malen oder ihre ausgesprochenen Vorstellungen mit dem Handy aufnehmen.

Fachbezogene Diagnostik fokussiert historisches Denken. Zwar wird im schulischen Alltag immer auch ein allgemeinpädagogischer diagnostischer Blick (etwa auf das Sozial- und Arbeitsverhalten) notwendig sein, um Lernszenarios adäquat gestalten zu können. Aber hier soll das Fachliche im Mittelpunkt stehen. Dazu können erweitert zu Adamski (2014, 25–30) folgende Ziele adressiert werden:

| **Zu diagnostizierender Bereich historischen Denkens ...** | **... kann Auskunft geben über:** |
|---|---|
| Präkonzepte; „naive" Vorstellungen (z. B. „Früher war alles schwarz-weiß."; „Im Mittelalter konnte niemand lesen.") | das Vorhandensein „wissenschaftsförmiger" Konzepte/Vorstellungen |
| Fragen an die Geschichte stellen | die individuellen Motivationen |
| Einen Gegenwartsbezug herstellen | das Geschichtsbild (bspw. Fortschrittsgeschichte); Alteritätsverständnis |
| Orientierung in der Zeit | Chronologieverstehen; Zeitbegriff; Begriffswissen (Epochen) |
| Erkennen des Konstruktcharakters von Geschichte | geschichtstheoretisches Wissen |
| Erkennen historischer Perspektiven | Abstraktionsfähigkeit |
| Erkennen von Perspektivität in Quellen und Darstellungen | Sachkompetenz; geschichtstheoretisches Wissen |
| Unterscheidung verschiedener Gattungen von Quellen und Darstellungen | Sachkompetenz; Methodenkompetenz |
| Urteilsfähigkeit | Einstellungen; Abstraktionsfähigkeit |
| Deklaratives Wissen | Orientierungswissen; Wortschatz; Chronologieverständnis |
| Methoden: Erschließen von Quellen und Darstellungen | Methodenkompetenz |
| Sprache (Fachsprache; sprachliches Verstehen; Erzählungen gestalten) | Begriffsbildung; grundlegendes Verstehen der Unterrichtsinhalte |

**Tab. 3: Ziele fachdidaktischer Diagnostik.**

Diagnostik ist als Prozess zu verstehen. Daher wird es notwendig sein, die jeweiligen diagnostizierten Lernstände zu dokumentieren und bei der Unterrichtsplanung weitere diagnostische Phasen einzuplanen, um Veränderung bei den Lernenden festzustellen.

### Selbsteinschätzungsbögen und Kompetenzraster

Selbsteinschätzungsbögen und Kompetenzraster

In den meisten neueren Schulgeschichtsbüchern und anderen Unterrichtsmaterialien finden sich mittlerweile Kompetenzraster, in denen die Fähigkeiten und Fertigkeiten der Lernenden auf verschiedenen Niveaustufen festgehalten werden können. Solche Raster können für Einschätzungen der Lehrpersonen genutzt werden oder für die Selbsteinschätzung der Schüler:innen. Die Raster können verschiedene Perspektiven haben:

1. Wissen und Kompetenzen für spezifische Unterrichtseinheiten
2. Historische Kompetenzen/Historisches Denken allgemein

Selbstdiagnosebögen geben den Lernenden die Möglichkeit, sich reflektierend mit den eigenen Kompetenzen zu befassen. Sie bauen zudem Transparenz darüber auf, was im Unterricht verlangt wird. Um die Lernenden „zur Selbstehrlichkeit zu verpflichten", können „die Diagnosebögen anonym" gestaltet werden (Stunz 2007, 15). Im Kontext von Inklusion müssen die sprachlichen Fähigkeiten der Lernenden für die Formulierung der Einschätzungsfragen berücksichtigt und diese ggf. durch Piktogramme ergänzt werden. Hilfreich ist zudem, wenn im Diagnosebogen bereits vermerkt ist, wo Hilfen zu finden sind, wenn Weiterentwicklungsmöglichkeiten erkannt werden. Adamski merkt kritisch an, dass bei vielen Selbstdiagnosebögen „Lernziele und Kompetenzen" verschwämmen (2014, 69). Er weist darauf hin, dass diese Bereiche deutlich voneinander getrennt sein sollten und die Diagnosebögen zudem Aufgaben zur narrativen Kompetenz beinhalten müssen.

Kompetenzraster stellen in Tabellenform nachvollziehbare Stufungen (Lernprogression) bei transparenten Kriterien dar. Sie erlauben abhängig von der Formulierung („Ich kenne …" oder „Schüler:in kennt …") sowohl eine Selbst- als auch eine Fremdeinschätzung (Heuer 2007, 29). Sie sind stärkenorientiert. „Kompetenzraster geben Auskunft darüber, was der Schüler oder die Schülerin bereits kann, was er oder sie sich zutraut, aber auch über das, was er und sie noch alles lernen könnte bzw. was noch alles zu lernen ist" (ebd.).

| Ich kann ... | Sehr sicher | Sicher | Unsicher | Sehr unsicher | Hilfen (Material wird über Lerntheke o. Ä. bereitgestellt) |
|---|---|---|---|---|---|
| Ich habe eine gute Vorstellung vom „Mittelalter". | | | | | Vorstellung aufschreiben oder aufmalen; aufnehmen; jemandem erzählen |
| Ich kann jemandem das Wort „Mittelalter" erklären. | | | | | Erklärvideo; Wortkarte; Sachtext |
| Es gibt etwas zum „Mittelalter", über das ich mehr herausfinden will. | | | | | Stöbern in der Bücherkiste |
| Ich kann den Zeitraum „Mittelalter" in eine Zeitleiste eintragen. | | | | | Zuordnungskarten; Sachtext |
| Ich verstehe, warum der Zeitraum „Mittelalter" genannt wird. | | | | | Erklärvideo; Sachtext; jemanden fragen |
| Ich kann beurteilen, ob es richtig ist, von dieser Zeit als „Mittelalter" zu sprechen. | | | | | Pro-Kontra-Liste; Diskussion |
| Ich weiß, was eine „Quelle" ist. | | | | | Sachtext; Zuordnungsspiel |
| Ich kann beschreiben, wie eine mittelalterliche Stadt ausgesehen haben könnte. | | | | | Bildquelle; Zeichnung; Sachtext |
| Ich kann beschreiben, wie eine mittelalterliche Burg ausgesehen haben könnte. | | | | | Bildquelle; Zeichnung; Sachtext |
| Ich kann beschreiben, welche Berufe es in den meisten mittelalterlichen Städten gab. | | | | | Textquelle |
| Ich kann beurteilen, ob das „Mittelalter" mit der Gegenwart vergleichbar ist. | | | | | Bildquellen von Städten in den beiden Epochen; Sachquellen |

**Tab. 4: Selbsteinschätzungsbogen, Beispiel „Die Stadt im Mittelalter".**

Bei diesem Beispiel liegt der Fokus eher auf dem Modus der Re-Konstruktion. Denkbar ist auch ein Fokus auf die De-Konstruktion etwa von Mittelalterdarstellungen in Filmen („Ich kenne Filme über das Mittelalter.", „Ich kann beurteilen, ob die Filme ein realistisches Bild des Mittelalters zeigen.").

Neben themenbezogenen Einschätzungsbögen können auch solche zu allgemeinen historischen Kompetenzen konzipiert werden, wenngleich diese für Schüler:innen durch ihren Abstraktionsgrad und die fehlende inhaltliche Konkretisierung weniger zugänglich sein dürften. Hierfür können die bereits etablierten Kompetenzmodelle als Basis dienen, obwohl die Übertragung von Kompetenzstufen aus den Modellen auf praxisnahe Anwendungsfelder bislang schwierig ist (Adamski 2014, 26). Dafür sollte man spezifische Kompetenzbereiche in den Blick nehmen, etwa bezogen auf die Arbeit mit Bildern, um Niveaustufen zu formulieren. In Form eines Kompetenzrasters könnte dies so aussehen:

| Kriterium | Stufe 1 | Stufe 2 | Stufe 3 |
|---|---|---|---|
| Bildwahrnehmung | Nennung von wenigen bis vielen Bilddetails; Mimik/Gestik/Atmosphäre werden erkannt und benannt | Benennung ausgewählter Bilddetails; das Bild wird als „historisch" erkannt; Fragen zur zeitlichen Verortung des Bildes werden formuliert (Gestaltungstechnik, Gebäude, Kleidung etc.) | Irritierende Details werden erkannt und benannt; Fragen werden geändert oder anders gewichtet; Wechsel zwischen Beschreibung und Deutungen; Steuerungscodes des/der Autor:innen werden erkannt (Symbole, Gestik, Mimik etc.); Anknüpfung an Vorwissen/Transfer; Reflexion der eigenen Wahrnehmung; die Analyse erfolgt unter selbst gewählten Blickwinkeln; Erkennen (und Deuten) der historischen Dimension des Bildes |
| Bildbeurteilung | Fragen zur Bedeutung des Bildes werden formuliert; das Bild wird hinsichtlich seiner Wirkung beurteilt | Hypothesen zur Bedeutung des Bildes werden formuliert; das Bild wird hinsichtlich seiner Wirkung in Vergangenheit und Gegenwart beurteilt | Das Bild wird in der sozialen, politischen und kulturellen Struktur der historischen Zeit verortet; das Bild wird aus gegenwärtiger Perspektive beurteilt; die Relevanz des Bildes in seiner Zeit und darüber hinaus wird beurteilt; Absichten des/der Autor:innen werden beurteilt (Symbole, Gestik, Mimik etc.) |

**Tab. 5: Kompetenzraster zur Bildarbeit (nach: Bernhardt 2011; Krammer/Kühberger 2011).**

Ein Problem bei der Verwendung von Kompetenzrastern besteht derzeit noch darin, dass es keine empirisch abgesicherten Erkenntnisse darüber gibt, wie einzelne Kompetenzniveaus definiert werden können. Zwar gibt es in der geschichtsdidaktischen Forschung erste vielversprechende Studien bezüglich der Ausprägung historischer Kompetenzen (Trautwein u.a. 2017). Diese lassen sich jedoch nicht ohne Weiteres auf den Einsatz in Schulen übertragen.

In der Praxis werden daher oft solche Kompetenzraster entwickelt, die zwar an fachliche Kriterien angelehnt sind, jedoch die soziale Bezugsnorm der Klasse und individuelle Bezugsnorm der einzelnen Lernenden adressieren. Der Sonderpädagoge Franz Wember hat für diesen Zweck ein fünfstufiges Modell entworfen, welches sich einerseits an den curricularen Vorgaben orientiert, andererseits die Individualitäten der Lernenden in einer Klasse berücksichtigt (2013). Das Modell für die Planung ist insofern für die Inklusion verlockend, als dass es auch Niveaus „nach oben" erlaubt. Grundlegend gibt es …

Niveauunterscheidung

1. [ein] zentrale[s] Niveau, das dem allgemeinbildenden Curriculum entspricht (Basisstufe), welches „nach oben" (Erweiterungsstufe I) und „nach unten" (Unterstützungsstufe I) differenziert wird,
2. [eines,] das [dem] über das allgemeinbildende Curriculum hinausgehende Niveau für besonders leistungsstarke Kinder (Erweiterungsstufe II) [entspricht,] sowie
3. [ein] Basiscurriculum für Kinder mit manifesten Lernschwierigkeiten, die besondere pädagogische Förderung erhalten müssen." (DZLM 2019)

Dabei soll ermöglicht werden, dass die Lernenden nicht „nebeneinander" lernen, sondern auf Basis des gemeinsamen Gegenstandes/der Kernidee/des Basiskonzepts kooperativ. Den Niveaustufen gilt es also, „konkrete Anforderungen zuzuordnen" (ebd.):

| | **Niveaustufen** | **Anforderungen** |
|---|---|---|
| | Erweiterungsstufe II | Vertiefende Angebote für Leistungsstarke |
| **Zentrales Niveau** | Erweiterungsstufe I | Differenzierung „nach oben" (weiterführende Angebote) |
| **Zentrales Niveau** | Basisstufe | Grundanforderungen |
| **Zentrales Niveau** | Unterstützungsstufe I | Differenzierung „nach unten" |
| | Unterstützungsstufe II | Elementare Angebote für Kinder mit Lernschwierigkeiten (gemäß Förderplan), wo möglich: mit Angebot der Teilhabe |

**Tab. 6: Kompetenzraster nach Wember.**

Grundidee ist, für die Unterrichtseinheit (oder die einzelnen Unterrichtsstunden) sowohl Ziele und Aufgaben als auch methodische Anregungen bereitzustellen, die es den Lernenden ermöglichen, auf ihrem Niveau am Unterricht teilzunehmen. Dabei ist darauf zu achten, dass die Lernenden nicht auf die ihnen zugeteilten Niveaus beschränkt sind. Idealerweise sind die Unterrichtsmaterialien so beschaffen, dass sie von allen genutzt werden können. Somit sollte auch mit den Schüler:innen reflektiert werden, welche Medien/Materialien geeignet sind, ihre Ziele zu erreichen. Die folgende Tabelle zeigt, wie ein solches Raster für eine Stunde zum Thema „Vorstellungen über mittelalterliche Burgen" für die Sekundarstufe I aussehen könnte.

Es handelt sich hierbei um ein zunächst außerordentlich aufwendiges Verfahren, insbesondere wenn ein solches Raster für jede Stunde angelegt wird. Ist das Raster allerdings einmal bestimmt, lässt es sich im Kollegium tauschen, anpassen und weiterentwickeln. (Tab. 7)

Wie bereits erwähnt: Ein solches Kompetenzraster suggeriert klare Perspektiven für die einzelnen Lernenden. Es darf aber nicht als starre „Arbeitsanweisung" verstanden werden. Vielmehr soll ein solches Planungsraster für Hindernisse sensibilisieren, die im Unterricht auftauchen, und Unterstützungsmaßnahmen antizipieren, die hier greifen könnten. Aufgabenstellungen auf verschiedenen Niveaus (die aber offen für alle Schüler:innen sind) begleiten die Arbeitsphase.

### Weitere informelle Verfahren

Weitere informelle Verfahren

Eine in der Praxis leicht durchführbare Methode, um Informationen über den Wissens- und Vorstellungsstand von Schüler:innen aufbauen zu können, besteht darin, Erzähl- und Schreibanlässe in den Unterricht einzubauen.

| **Thema der Stunde:** Vorstellungen von mittelalterlichen Burgen: Abgleich mit Quellen und Darstellungen | | | | |
|---|---|---|---|---|
| **Gemeinsamer Forscherauftrag:** Wie können wir herausfinden, wie eine mittelalterliche Burg ausgesehen haben könnte? | | | | |
| | **Niveaustufe** | **Ziele** | **Spezifische Unterstützungsmaßnahmen** | **Material/Medien** |
| | Erweiterungsstufe II | Beurteilung der Authentizität von Quellen; Beurteilung der Standortgebundenheit sowohl bei Quellen als auch Darstellungen; Reflexion über eigene Standortgebundenheit | Selbsteinschätzungsbogen; „weiße Blätter" | Textquellen<br>Bildquellen<br>Rekonstruktionszeichnungen<br>Spielzeugburg<br>Sachtext<br>Schulbücher<br>Videos<br>AB: „So stelle ich mir eine mittelalterliche Burg vor"<br>Essayplan; Audiorekorder etc. für Ergebnissicherung<br>AB: „Woher habe ich mein Wissen über mittelalterliche Burgen?"<br>AB „Was habe ich über mittelalterliche Burgen gelernt?"<br>AB „Quelle oder Darstellung?" |
| Zentrales Niveau | **Erweiterungsstufe I** | Erkennen der Standortgebundenheit sowohl bei Quellen als auch Darstellungen; Abgleich mit den eigenen Vorstellungen | Selbsteinschätzungsbogen; Essayplan | |
| | **Basisstufe** | Reflexion des Einflusses von Quellen als (zeitnahe) Überreste der Vergangenheit und Darstellungen als später erzählte Geschichte auf die eigenen Vorstellungen | Selbsteinschätzungsbogen; AB: „Woher habe ich mein Wissen über mittelalterliche Burgen?" | |
| | **Unterstützungsstufe I** | Erkennen, dass Quellen und Darstellungen aus unterschiedlichen Zeiten stammen; Reflexion der eigenen Vorstellungen | Selbsteinschätzungsbogen; AB „Quelle oder Darstellung?" | |
| | Unterstützungsstufe II | Äußern der eigenen Vorstellungen; Abgleich der eigenen Vorstellungen mit Quellen/Darstellungen | Selbsteinschätzungsbogen; AB: „So stelle ich mir eine mittelalterliche Burg vor" | |

**Tab. 7: Beispielraster für den Geschichtsunterricht.**

*Erzählanlässe:* Erzählanlässe können leicht initiiert werden. Tatsächlich werden in der Psychologie schon seit Längerem sogenannte „Thinking-Aloud"-Tests durchgeführt, wenn etwa die Nutzerfreundlichkeit von neuen technischen Geräten oder Gebrauchsanleitungen erfasst werden soll. Eine dazu ähnliche Methode besteht darin, dass Schüler:innen zu einer Bild- oder Textquelle ihre Gedanken möglichst unvermittelt äußern. So können Rückschlüsse über vorhandenes Wissen, Abstraktionsfähigkeiten, aber auch vorwissenschaftliche Vorstellungen erfasst werden. Ähnlich verhält es sich mit Schreibanlässen. Auch hier wird den Schüler:innen die Möglichkeit gegeben, ihre subjektiven Perspektiven zu historischen Phänomenen zu äußern. Nichtsprechende Schüler:innen können ihre Vorstellungen malen.

Erzählen unterscheidet sich jedoch hinsichtlich Schreiben beziehungsweise Malen/Zeichnen insofern, dass es unmittelbarer ist und somit nicht schon durch einen verlangsamenden kognitiven Denkvorgang gefärbt ist.

Erzählanlässe zu Bildquellen etwa könnten Auskunft darüber geben, ob Schüler:innen überhaupt die Historizität der Quelle erkennen. Auch können Hinweise erbracht werden, ob die abgebildete Darstellung als befremdend (im Sinne historischer Alterität) wahrgenommen wird. Zahlreiche weitere Wahrnehmungsebenen können adressiert werden: Kleidung, Architektur, Gesichtsausdrücke. Auf einem basalen Niveau kann etwa auch ein Hinweis auf den grundlegenden Zeitbegriff bzw. das Orientierungswissen von Lernenden deutlich werden, etwa wenn über eine historische Vorstellung gesprochen wird. Folgendes Beispiel ist einer Gruppendiskussion von drei Schüler:innen mit dem Förderschwerpunkt Lernen entnommen. Sie wurden im Kontext einer Unterrichtseinheit zur Industrialisierung gefragt, wie die Menschen vor 150 Jahren wohl aussahen (aus Barsch 2013, 103–104):

*S3: Wie Affen.*

*S1: Behaart.*

*S3. Dick. Wie Affen so.*

*S2: Voller Haare. (unv.) Wie Wuschel. Also wie Wuschel, so verwuschelt.*

*S3. Haben richtig dickes Fell, wenn die sich rasieren können die äh komplett die (Decke?)*
*S2: Wie Schafe.*
*S3: Ja. Wie Schafe dann können die ähm wenn die sich irgendwann mal rasieren wenn die das mal (er?)finden äh, dann können die ja ein ganzes Bettbezug dazu nähen dann*
*S2: Schafe halt*
*S3: Können sie ein Haus aus Wolle machen.*
*S1: (imitiert Rasierapparat)*
*I: Und was glaubt ihr welche Berufe die Menschen damals hatten?*
*S1: Ähm. Also im Mittelalt, in der Steinzeit?*
*I: Vor 150 Jahren.*
*S1: Da wo die Römer gelebt haben?*
*S2: Also die Römer hatten.*
*S3: Die hatten, die haben so eine Burg ge-, gebaut. Und die haben mit Schwertern und so.*
*S2: Schmieder.*

Die Analyse dieser Diskussion zeigt, dass die Lernenden über geringe chronologische Kenntnisse verfügen. Das, was sie bereits historisch kennengelernt haben, bildet für sie die Grundlage ihrer eigenen subjektiven Chronologie. Für die Unterrichtsplanung ergäbe sich somit zunächst einmal die Anforderung, chronologisches Begriffswissen zu forcieren, epochale Unterschiede zu verdeutlichen und am Zeitbegriff zu arbeiten. Dies kann parallel zu Inhalten der Industrialisierung erfolgen. Bliebe dieser Teil jedoch aus (zu überprüfen durch prozessbegleitende Diagnostik), bestünde die Gefahr, dass die Inhalte nur weiter zur historischen Orientierungslosigkeit beitragen würden.

*Malanlässe:* Schreib-, Erzähl- und Malanlässe können auch zu offenen Fragen gestellt werden. („Wie stellst du dir die Kindheit deiner Eltern vor?“ oder „Male ein Bild von den Hippies.“) Hier wird noch stärker auf die historische Imagination oder auch Stereotype der Schüler:innen eingegangen. Ein Beispiel entstammt einem Forschungsprojekt, bei dem amerikanische Kinder aufgefordert wurden, ihre Darstellung zu einem bestimmten historischen Ereignis der US-Geschichte (Pilger, Westsiedler, Hippies) zu malen. Es handelt sich zwar hierbei nicht um eine Methode, die für den schulischen Einsatz konzipiert wurde. Der Ansatz scheint jedoch geeignet, einen diagnostischen Blick auf Schülervorstellungen zu werfen. Die Fragestellung des Forschungsprojekts etwa lautete, welches Geschlecht die Kinder für Protagonisten wählen würden (in dem Fall zeigte es sich, dass die Pilger in der Regel männlich dargestellt wurden, die Hippies in der Regel weiblich). Für den Unterricht ergeben sich somit wertvolle Anhaltspunkte für eine Quellenauswahl, welche die Vorstellungen der Schüler:innen auch hinsichtlich gesellschaftlich geprägter Stereotype erweitern könnte.

**Abb. 4: Geschlechtervorstellungen (aus: Wineburg 2001, 123).**

Letztlich können solche Bilder selbst wieder ein Gesprächsanlass sein. Die Schüler können erzählen, warum sie etwas wie gemalt haben.

**Weitere Diagnosemöglichkeiten**

Weitere Diagnoseideen

Adamski stellt zahlreiche weitere Methoden zur fachdidaktischen Diagnostik vor (2014). Dilemmasituationen etwa können „die Diagnose von Fremdverstehen“ (74), letztlich aber auch die Urteilsbildung ermöglichen. Perspektivisches Schreiben kann auf die Fähigkeit verweisen, Geschichte als Narration zu verstehen, Übungen zur Wort-Bild-Zuordnung („Was zeigt das Bild: Quelle oder Darstellung?“, dazu auch Kühberger/Windischbauer 2012, 60) geben Auskunft über methodische Kompetenzen und Begriffswissen. Auch Mindmaps oder Concept Maps können genutzt werden, um das Wissen bzw. die Vorstellungen von Lernenden zu speziellen historischen Fragestellungen visuell darzustellen. Zuordnungsübungen zu Zeitleisten ermöglichen einen Eindruck von chronologischem Verständnis.

Letztlich unterscheiden sich die verschiedenen Möglichkeiten der Diagnostik im inklusiven Unterricht nicht grundsätzlich von den bereits etablierten Verfahren. Lediglich sei darauf zu achten, dass vor dem Hintergrund der Inklusion eine vielfältigere Schülergruppe angesprochen wird. Es muss also stets überprüft werden, ob die Lernenden über die notwendigen Kompetenzen verfügen, ein bestimmtes Diagnoseverfahren bearbeiten zu können; stets sollten daher auch nichtschriftliche Alternativen möglich sein.

## 3.2 Dokumentationsverfahren

Viele Diagnosemethoden eignen sich auch dazu, den Lernprozess zu begleiten und für die Schüler:innen zu dokumentieren. Kompetenzraster etwa können im Laufe des Unterrichtsprozesses angepasst werden, im Unterrichtsverlauf können neue Schreib- oder Malanlässe geschaffen werden. Im Folgenden werden Methoden skizziert, die eher zur reinen Dokumentation des Lernprozesses geeignet sind.

### Individuelle Entwicklungspläne

Entwicklungspläne

In der sonderpädagogischen Praxis haben sich seit einigen Jahren sogenannte individuelle Förder- oder Entwicklungspläne etabliert. In inklusiven Schulen mögen solche individualisierten Pläne für die einzelnen Lernenden an die Grenzen des Machbaren stoßen, insbesondere dann, wenn in der Regelklassen unterrichtet wird und nicht wie in Förderschulen in kleinen Lerngruppen. Gleichwohl schärft das Konzept den Blick auf jeweilige individuelle Lernvoraussetzungen. Für den Einsatz in größeren Klassen sind zudem Förderpläne denkbar, die nicht einzelne Schüler:innen in den Blick nehmen, sondern Gruppen von Lernenden mit vergleichbaren Kompetenzen. Förder- bzw. individuelle Entwicklungspläne werden in mehreren Schritten erstellt (Barsch 2014, 54). Zunächst wird der zu fördernde *Kompetenzbereich* definiert, anschließend werden *Ziele* und konkrete *Maßnahmen* zum Erreichen der Ziele festgehalten. Dies schließt auch eine Analyse der benötigten Materialien, Unterrichtsmethoden sowie räumlichen, zeitlichen und personellen Strukturen ein. Die Planung beinhaltet außerdem Überlegungen zur *Überprüfung* der Effektivität der Maßnahmen (also eine weitere diagnostische Phase). Begrifflich ist zu überlegen, wie ein solcher Plan genannt wird. Der Begriff „Förder-" verweist auf etwas Besonderes und hat stigmatisierendes Potenzial. Die Begriffe „Entwicklung" oder „Lernen" sind neutraler, insbesondere dann, wenn ein Entwicklungs- oder Lernplan für alle Schüler:innen vorgesehen ist.

Ein Lernplan im Geschichtsunterricht könnte unter Verwendung der Begrifflichkeiten des FUER-Kompetenzmodells (Schreiber u.a. 2006) diese Facetten aufweisen:

Bei der Förderplanung ist darauf zu achten, dass diese realistisch die nächsten zu erreichenden Ziele adressiert und nicht alle möglichen zu fördernden Bereiche abdeckt. Wie bereits erwähnt: In der Praxis dürfte die am einzelnen Kind ausgerichtete Entwicklungsplanung (und ein darauf gezielt konzipierter Unterricht) aus zeitlichen Gründen nur schwer möglich sein. Ein Ausweg besteht darin, Cluster von Lernenden mit ähnlichem Kompetenzprofil ähnlich wie ein Notenspiegel zu bilden (Bormuth/Körber/Seidl 2020). Dies nimmt die Lehrkraft jedoch nicht aus der Verantwortung, explizit und detailliert für jedes einzelne Kind kriteriengeleitet zu überlegen, welches Cluster das geeignete ist.

| Lernplan für: | Zeitraum: | |
|---|---|---|
| **Lernbereiche** | **Methoden, Materialien** | **Ergebnisse**<br>**+ gelingt;**<br>**+/– unsicher;**<br>**– noch nicht** |
| Historische Sachkompetenz:<br>• Basales Wissen über Epocheneinteilungen<br>• Basales Verständnis über Konstruktcharakter von Epocheneinteilungen<br>Historische Fragekompetenz:<br>• Eigene Fragen an die Vergangenheit stellen | • Bild-Wort-Zuordnungen („typische" Bilder aus Epochen)<br>• Arbeit mit Wortkarten<br>• Arbeit mit Zeitleisten<br>• Nichtwestliche Geschichtsschreibung<br>• Spielerische Übung: Neueinteilung von Epochen; „Erfinden" von Epochenbezeichnungen<br>• Quellenpool: Mindmap mit Fragen zu subjektiv interessanten Quellen<br>• Übung: Welche Frage würdest du dem Verfasser der Quelle stellen? | + zeitliche Verortung des „Mittelalters" vor „Neuzeit"<br>+/– Korrekte Verwendung der Begriffe „Antike", „Mittelalter", „Neuzeit"<br>– Zutrauen, mit Begriffen zu „spielen"<br>+ Benennung einer Quelle, die als interessant empfunden wird<br>+ Erklären, warum die Quelle subjektiv interessant ist<br>+/– Eine konkrete Frage formulieren<br>– Erkennen, dass eine Frage an den Verfasser nur fiktiv sein kann (da retrospektiv) |

**Tab. 8: Beispiel Lernplan.**

**Portfolios**

Portfolios

Portfolios finden in Schulen zunehmend Verwendung. Der Vorteil dieser Methode besteht darin, dass die Schüler:innen individuell ihre Arbeitsergebnisse, Ideen, Skizzen, Bilder, auch Selbsteinschätzungsbögen etc. sammeln können, ohne dass eine Norm alle dazu zwingt, ihr Portfolio auf dieselbe Art zu gestalten. So können Schüler:innen, die Schwierigkeiten zu schreiben haben, auch ein Audioportfolio führen, nichtsprechende Schüler:innen können Bilder in ihr Portfolio aufnehmen.

*„Im Geschichtsunterricht können das selbst verfasste Geschichtserzählungen, Ausarbeitungen von Quelleninterpretationen, Begründungen eigener Standpunkte und Ähnliches sein, an welchen die Verfügbarkeit fachspezifischer Methoden, Begriffe und Konzepte bis hin zur Fähigkeit, triftige historische Erzählung zu verfassen, sichtbar wird" (Rehlinghaus 2018, II).*

Ein weiterer Vorteil von Portfolios als Dokumentationsinstrument besteht darin, dass die Lernenden ihre eigene

Reflexion zum Unterrichtsgegenstand in einer für sie nachvollziehbaren Weise darstellen können. Dazu zählen auch ihre Interessen („Aus diesem Grund interessiere ich mich für Kinderarbeit ...") und Einschätzungen über Lernerfolge („Ich habe gelernt, dass ..."; „Ich möchte noch mehr erfahren über ..."). Portfolios sollten – insbesondere im Kontext von Inklusion – nicht zur Leistungsbeurteilung herangezogen werden, sondern ein freier und individueller Dokumentationsweg ohne Druck sein.

### Lerntagebücher

Lerntagebücher

Ganz ähnlich wie Portfolios funktionieren Lerntagebücher. Der Unterschied besteht darin, dass diese in einem strengeren Maß der Chronologie des Unterrichts folgen. Sie sind auf die einzelnen Unterrichtsstunden ausgerichtet. Auch in Lerntagebüchern können Reflexionen, Selbsteinschätzungen, Fragen, Interessen und Lernergebnisse dokumentiert werden. Ein Lerntagebuch kann auch das Ergebnis gemeinsamen Arbeitens sein, indem etwa bei einer Gruppenarbeit protokolliert wird, „wie die Gruppe ihre Arbeit organisiert, welchen Anteil man selbst daran gehabt hat, welche Materialien analysiert wurden, welche Entscheidungen für die Gestaltung gefällt wurden, ob man mit dem Prozess und Ergebnis zufrieden war" (Adamski 2014, 93). In Lerntagebüchern kann demnach auch Arbeitsteilung dokumentiert werden.

# 4. Bausteine inklusiver Unterrichtsplanung

Die bisher vorgestellten diagnostischen und dokumentarischen Verfahren sind bereits Teil einer inklusiven Unterrichtsplanung. Im Folgenden sollen nun verschiedene Möglichkeiten vorgestellt werden, wie die Arbeit im Klassenraum konkret gestaltet werden kann. Prämisse ist hierbei, dass der Unterricht möglichst offen sein soll, damit er den verschiedenen Interessen, den verschiedenen Lernwegen, den individuellen Fragen und subjektiven Lernbedürfnissen Raum bietet. Er sollte dennoch geschlossen genug sein, um auch schwächeren Schüler:innen Orientierung und Unterstützung zu ermöglichen. Dies kann in einem projektförmigen Unterricht gelingen, der forschend-entdeckendes Lernen ermöglicht. Gleichwohl gilt: „Das Projekt ist die komplexeste Form des forschend-entdeckenden Organisationsprinzips im Geschichtsunterricht." (Wolter 2018, 57) In der Praxis werden daher oft solche Formen von Unterricht angewandt werden müssen, die Elemente des Projektunterrichts beinhalten, aber doch deutlich von methodischer Strukturierung durch die Lehrperson gekennzeichnet sind. Dies bedeutet, dass die enorme Offenheit des Projektunterrichts durch Integration verschiedener Methoden begleitet wird, welche Schüler:innen eine strukturierte Orientierung und Gelegenheit zur Kooperation bieten. Dazu zählt etwa das Stationenlernen (Kampl 2016) oder die Arbeit nach Wochenplänen, in denen die einzelnen Schritte des Projekts vorstrukturiert werden.

Offenheit und Strukturierung

## 4.1 Visualisierungen und Strukturierung der Arbeitsabläufe

Unterstützung durch Visualisierungen und Vorstrukturierungen

Insbesondere aus der Arbeit mit Kindern und Jugendlichen mit Autismusspektrumstörungen ist bekannt, dass deutliche Visualisierungen und Strukturierungen der Arbeitsabläufe äußerst hilfreich sind. In diesem Kontext wurde der sogenannte TEACCH-Ansatz entwickelt (aus dem Englischen: *T*reatment and *E*ducation of *A*utistic and related *C*ommunication handicapped *C*hildren, dazu Häussler 2005).

Mit dem TEACCH-Ansatz sollen Arbeitsabläufe klar strukturiert werden, um den Lernenden Orientierung zu ermöglichen. Er bezieht sich zum einen auf allgemeinpädagogische Aspekte wie die Gestaltung des Klassenraums:

*„Die Orientierung im Raum fällt dem Kind leichter, wenn ihm klar ist, was an welchem Ort erwartet wird und was es dort tun kann. Schon mit einfachen Hilfsmitteln (Klebebänder, Schilder, Bilder, Fotos, Piktogramme oder Symbole) kann ihm im Raum eine sichere Orientierung gegeben werden." (Klein 2018, 108)*

Indem etwa Geschichten – auch im historischen Kontext – „durch eine Abfolge von gut unterscheidbaren Bildern, Symbolen oder Zeichnungen unterstützt werden" (ebd.), können die Lernenden bei der Durchführung der Aufgaben unterstützt werden. So ermöglicht der Einsatz von festgelegten Piktogrammen für bestimmte Arbeitsabläufe (Quellenarbeit, Diskussion, Aufgaben etc.) und Begriffe (Herrschaft, Mittelalter, Neuzeit etc.) für einige Schüler:innen im besonderen Maße, letztlich aber für alle Lernende ein höheres Maß an Orientierung (kostenlose Piktogramme lassen sich zahlreich im Netz finden, etwa bei freepik.com oder flaticon.com).

Gleiches gilt für die Strukturierung und Visualisierung von Zeit. Zum einen ist es für viele Kinder und Jugendliche wertvoll, über den zeitlichen Ablauf von Aufgaben und Tätigkeiten genau informiert und angeleitet zu werden. Dazu können etwa Time-Timer eingesetzt werden, Geräte, bei denen die noch verbleibende Arbeitszeit visuell dargestellt werden. Aber auch (maßstabsgetreue) Zeitleisten, die nicht nur den gerade behandelten Inhalt darstellen, sondern diesen in größere chronologische Zusammenhänge einordnen, unterstützen die Schüler:innen. Der TEACCH-Ansatz ergänzt also das Classroom-Management durch noch deutlichere Strukturierungshilfen, denn auch die gute Organisation der

Lernumgebung erleichtert nicht nur Lernenden mit sonderpädagogischem Förderbedarf effizientes Lernen.

Classroom-Management

Insgesamt profitiert der Unterricht davon, wenn der Klassenraum strukturiert ist, die Materialien stets an den für sie vorgegebenen Orten bereitstehen und diese durch Farben und Symbole gekennzeichnet sind. Darüber hinaus gilt es, überflüssige Reize zu vermeiden (Dekoration, Taschen, Jacken etc.), um ablenkungsfreies Lernen zu ermöglichen (siehe ISB 2019). Gerade für Schüler:innen mit Autismusspektrumstörungen kann es zudem hilfreich sein, gelegentlich in einer noch reizärmeren Umgebung zu lernen, indem etwa Raumtrenner auf dem Tisch aufgestellt werden.

Zusammenfassend:

- Feste Strukturen und Visualisierungen unterstützen die Lernenden.
- Dies betrifft sowohl die räumliche Gestaltung als auch die Gestaltung der Arbeitsblätter und Aufgaben.
- Gestaltungselemente sind Piktogramme, Farben, Boxen, Materialecken etc.

Ein Beispiel für einen Arbeitsauftrag mit Unterstützung durch Piktogramme könnte so aussehen. Die Symbole sind letztlich beliebig, solange sie den Lernenden in ihrer Bedeutung transparent gemacht wurden und dauerhaft genutzt werden.

**Fach:** Geschichte

| Arbeitsschritte | Benötigtes Material | | Dauer | Erledigt |
|---|---|---|---|---|
| **1. Einzelarbeit**<br>Lies die Quelle. | Quelle | | 5 Minuten<br>5 | ☐ |
| 2. Einzelarbeit<br>Lies die Darstellung. | Darstellungstext | | 5 Minuten<br>5 | ☐ |
| 3. Einzelarbeit<br>Wenn du ein Wort nicht kennst, schau im Lexikon nach oder frag deine Sitznachbarin. | Computer | oder | | ☐ |
| 4. Einzelarbeit<br>Schreibe die Informationen von Quelle und Darstellung in Stichworten auf. | Papier | | 10 Minuten<br>10 | ☐ |
| 5. Partnerarbeit<br>Sprich mit deinem Nachbarn: Habt ihr dasselbe rausgefunden? | | | 10 Minuten<br>10 | ☐ |
| 6. Partnerarbeit<br>Fasst eure Ergebnisse zusammen: Was steht in Quelle und Darstellung? Erstellt ein Plakat. | Flipchart, Stifte | und | 30 Minuten<br>30 | ☐ |

**Tab. 9: Beispiel Arbeitsplan mit TEACCH-Elementen.**

## 4.2 Kooperationen anregen

Wechsel von individuellen und kooperativen Phasen

Kooperatives Lernen ist „nicht als Unterrichtsmethode, sondern als eine Unterrichtsstruktur zu verstehen, welche Lernprozesse im Wechsel von individuellen und kooperativen Phasen ermöglicht“ (Scholz 2019). Insbesondere für heterogene Lerngruppen wird hierin eine Möglichkeit gesehen, um individuelle und gemeinsame Ziele zu definieren und über verteilte Verantwortungen der Gruppenmitglieder die Lernenden gleichberechtigt auf Basis ihrer individuellen Fähigkeiten und Fertigkeiten miteinander arbeiten zu lassen. Heterogenität wird innerhalb dieses Konzepts positiv betrachtet, denn nur durch die Unterschiedlichkeit der Schüler:innen können diese letztlich voneinander lernen. Die Gruppenmitglieder sind trotz unterschiedlicher Fähigkeiten und Fertigkeiten gleichberechtigt (Konrad/Traub 2010, 5). Für das historische Lernen sind kooperative Arbeitsformen zusätzlich interessant, da historisches Wissen stets in Aushandlungen konstruiert wird. Das kooperative Vorgehen kann somit gleichzeitig geschichtstheoretisches Wissen aufbauen, indem in der Arbeit selbst über die gemeinsame Konstruktion von Geschichte reflektiert wird und verschiedene Deutungen und Fragestellungen zugelassen werden.

Kooperatives Lernen basiert aber nicht ausschließlich auf Gruppenarbeiten. Zum Erreichen der Ziele können auch Einzel- und Partnerarbeitsphasen nötig sein. Gerade für leistungsschwächere Lernende kann es hilfreich sein, in Erarbeitungsphasen (z.B. bei einer Quellenerschließung in Einzelarbeit) auf geschlossene Verfahren wie die direkte Instruktion zurückzugreifen. In mehreren empirischen Untersuchungen konnte nämlich gezeigt werden, dass diese Schüler:innen gerade in Erarbeitungsphasen davon profitieren können, eine klare Anleitung zu bekommen (Grünke 2006). Für die Quellenerschließung könnte dies etwa ein Ablaufplan für das Vorgehen sein (siehe Kapitel Scaffolding).

Insgesamt ist für das Gelingen kooperativer Lernszenarien die Ermöglichung von Kommunikation zwischen allen Beteiligten wesentlich:

*„Im Mittelpunkt des kooperativen Lernens steht ein Lernbegriff, der Lernen als aktiven und konstruktiven Prozess versteht, in dem Schülerinnen und Schüler Inhalte mit individuellem Vorwissen verknüpfen können. Vielfältige Perspektiven und Erfahrungen werden in kooperativen Lernsituationen durch kommunikative Prozesse wechselseitig ausgetauscht und die für das Lernen wichtigen affektiven Dimensionen berücksichtigt." (ebd.)*

Für das Gelingen kooperativen Lernens wurden in der Literatur fünf Merkmale identifiziert (Scholz 2019):

1. *Positive Interdependenz:* Um ein Gruppenziel zu erreichen, muss jedes Mitglied der Gruppe erfolgreich sein. Dazu werden verschiedene Rollen verteilt, etwa je Expert:innen für: Quellenrecherche, Frakturlesen, Sachtexte lesen, Fragen formulieren, Präsentationen erstellen (verschiedene Medien), Erzählungen formulieren ...
2. *Individuelle Verantwortlichkeit:* Jedes Gruppenmitglied trägt Verantwortung. Die verschiedenen Arbeitsanteile (siehe Punkt 1) werden transparent dargestellt.
3. *Direkte und förderliche Interaktion:* Es gibt immer sowohl Phasen der individuellen Arbeit als auch des Austausches. So kann die Expertin für das Entziffern von Quellen in Fraktur etwa Rückmeldung einholen, ob die Quelle relevant für die Fragen ist, welche die Gruppe gestellt hat; über die Gestaltung der Präsentation wird im Austausch Konsens erzielt etc.
4. *Interpersonale Fähigkeiten:* Um diesen Austausch zu ermöglichen, werden soziale Fähigkeiten wie aktives Zuhören, Hilfe anbieten und annehmen, Kompromisse schließen und Kontroversen zulassen eingeübt. Das Aushandeln von Interpretation und eine möglicherweise nicht vorstellbare Auflösung von kontroversen Positionen kann zudem ein Ergebnis des Arbeitsprozesses selbst sein, denn Geschichte ist oft kontrovers und uneindeutig. Das Fördern von Ambiguitätstoleranz ist somit nicht nur ein pädagogisches, sondern auch ein fachliches Anliegen.
5. *Reflexion der Gruppenprozesse:* Die Gruppe reflektiert ihre gemeinsame Arbeit, überlegt neue Arbeitsschritte und

Rollenverteilungen. Hier wird auch unter Anleitung der Lehrperson darauf geachtet, dass die Arbeitslast fair verteilt ist und nicht eine Person der Gruppe Arbeiten für andere übernimmt. Die Reflexion sollte nicht nur zum Ende des Arbeitsprozesses erfolgen, sondern immer wieder in diesen eingeflochten werden. Auch sollte reflektiert werden, ob alle Stimmen berücksichtigt werden, ob der Anspruch des gleichberechtigten Miteinanders eingehalten wird.

Während kooperatives Lernen unter Einhaltung der oben genannten Prinzipien grundlegend offen gestaltet sein kann und es keine vorgeschriebenen Abläufe für die Unterrichtsdramaturgie gibt, schlagen Brüning und Saum vor, möglichst oft das Prinzip „Denken, Austauschen, Vorstellen", also „Think-Pair-Share", zu integrieren (2009, 83, vgl. auch Scholz 2019):

- *Einzelarbeit:* Unter Aktivierung von Vorwissen setzen sich die Lernenden individuell mit dem Inhalt auseinander, z.B. „Welche Fragen habe ich an die Geschichte?" – „Wie könnte ich vorgehen, um diese Fragen zu beantworten?". Oder eher gesteuert durch die Lehrperson: „Was möchtest du über das Mittelalter herausfinden?" – „Wie könntest du vorgehen, um das herauszufinden?".
- *Austausch:* Die Ergebnisse – also auch die Fragen an die Geschichte und die Überlegungen zum Vorgehen – werden ausgetauscht, ein gemeinsamer Plan wird erstellt, die Fragen werden möglichst selbstgesteuert mit Unterstützung der Lehrkraft kooperativ beantwortet.
- *Vorstellung:* Die Ergebnisse der gemeinsamen Arbeit werden den anderen Lernenden und Gruppen vorgestellt.

Ein solches Vorgehen eignet sich gut, um innerhalb einer Unterrichtseinheit verschiedene Facetten zu einem gleichen Inhalt zu bearbeiten. So könnten in einer diagnostischen Phase zum Thema „Mittelalter" zunächst verschiedene Fragen der Schüler:innen gesammelt werden, um anhand dieser Cluster für eine Gruppenarbeit nach Interessen zu bilden. Ein Cluster etwa befasst sich mit Kindheit im Mittelalter, ein weiteres mit dem Königtum, wiederum eines mit Prinzessinnen, Arbeit usw. Die eigentliche Erarbeitungsphase wäre somit deutlich an den Interessen der Lernenden orientiert. Zwar werden auf diese Weise nicht alle Schüler:innen mit allen Inhalten zum Thema aktiv konfrontiert, doch werden allen durch die abschließende Präsentationsphase, die etwa in Form einer Ausstellung, eine Internetseite, eines Podcast o. Ä. gestaltet werden kann, alle Ergebnisse präsentiert. Kooperativ wurde somit ein Thema umfassend erarbeitet.

Methoden zur Anregung von Kooperation

Neben dem Think-Pair-Share-Modell gibt es zahlreiche weitere Methoden, die im kooperativen Unterricht eingesetzt werden können, dazu zählen etwa (vgl. Scholz 2019):

- Gruppenpuzzle
- Lerntempoduett
- Reziprokes Lesen

Reziprokes Lesen

Die Methode des reziproken Lesens kann etwa auch genutzt werden, um längere Quellen oder Darstellungen im Team zu erarbeiten. Dabei werden den Lernenden verschiedene Rollen (A bis D) zugewiesen. Der Arbeitsablauf könnte etwa so aussehen (in Anlehnung an LISUM 2011a):

Der Sachtext wird komplett oder in Abschnitten von allen Mitgliedern der Gruppe einzeln gelesen. Die Erarbeitung findet arbeitsteilig z.B. nach einer solchen Rollenaufteilung statt:

- Schüler:in *A* liest den Text oder den Abschnitt vor und stellt inhaltliche Fragen.
- Schüler:in *B* fast den Inhalt mündlich kurz zusammen.
- Schüler:in *C* stellt (Verständnis-)Fragen zum Text, auch zu einzelnen schwierigen Wörtern. Die Fragen werden im Gespräch gemeinsam geklärt.
- Schüler:in *D* stellt Vermutungen an, wie der Text weitergehen könnte. Diese Vermutungen dürfen durch andere Positionen der Gruppe ergänzt werden.

Anschließend können die Rollen getauscht und der Prozess erneut begonnen werden. Aus geschichtsdidaktischer Perspektive ist insbesondere die Rolle D interessant. Die Vermutung, wie der Text weitergehen könnte, kann bei Darstellungen historischer Ereignisse etwa auch in einem Sach- oder Werturteil bestehen. Durch den Austausch der Gruppenmitglieder können somit auch verschiedene Werturteilsbildungen zum selben Text verhandelt werden.

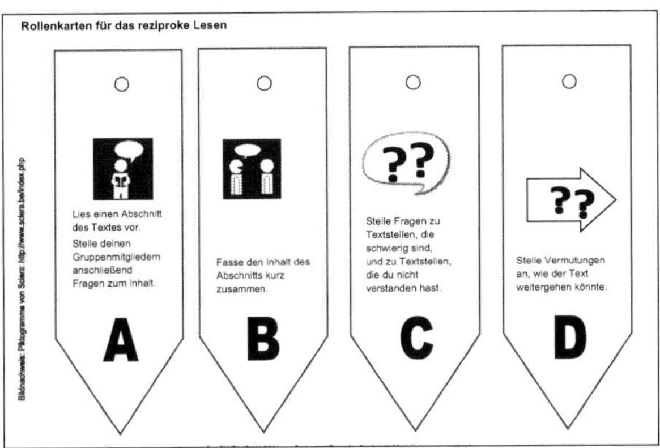


**Abb. 5: Rollenkarten für das reziproke Lesen (aus: LISUM 2011b).**

Eine weitere, auch im Geschichtsunterricht leicht umsetzbare Methode ist das Helfersystem. Dieses dient dazu, unterschiedliche Lerntempi und Expertisen zu koordinieren. Eingesetzt werden kann es etwa in der Phase der inhaltlichen Erschließung von Quellen oder Sachtexten.

Helfersystem

Schüler:innen, die diesen Arbeitsschritt bereits beendet haben, tragen sich in ein Helferverzeichnis ein. Lernende, die Unterstützung brauchen (weil etwa Begriffe unbekannt sind), suchen sich aus dem Verzeichnis eine Person aus, die sie unterstützt.

| **Helferliste** | |
|---|---|
| **Name:** | **Ich kann helfen bei:** |
| trägt sich ein | sucht gezielt Unterstützung |

**Tab. 10: Prinzip Helfersystem.**

## 4.3 Projektförmiges Lernen

Dieses Kapitel wurde gemeinsam mit Daniel Tries von der offenen Schule Köln verfasst.

Projektförmiger Unterricht

Projektförmiger Unterricht erlaubt es den Lernenden, ihren eigenen Fragestellungen forschend-entdeckend nachzugehen, gleichzeitig aber die o.g. Prinzipien kooperativen Lernens in den Projektphasen zu berücksichtigen. Die Basis bzw. Grundstruktur für das Projektlernen bildet ein Modell aus fünf Phasen:

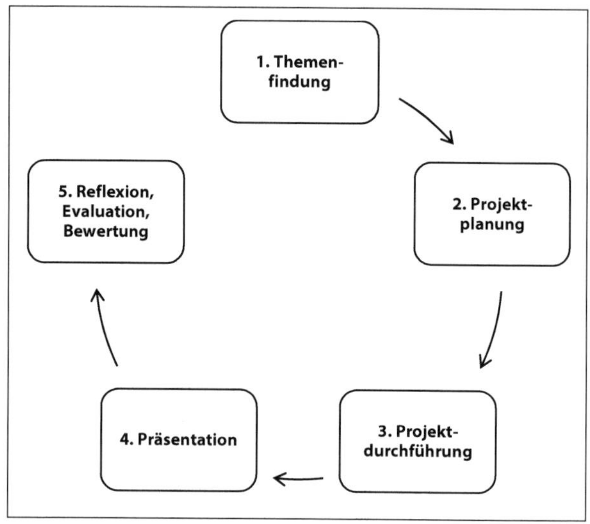


**Abb. 6: Phasen des Projektlernens (nach: Nohl 2014, 10).**

Speziell für den Einsatz in inklusiven Settings konnten Vorteile projektförmigen Unterrichts durch Studien erbracht werden (Ferretti/MacArthur/Okolo 2001). Es zeigte sich, dass eine gezielte geschichtstheoretische Einbettung (Was ist Geschichte? Was können wir wissen?) der Quellenarbeit bei allen Schüler:innen ein tieferes Verständnis für historische Zusammenhänge und einen effektiveren Aufbau historischen Wissens fördern kann. Der Effekt war bei Schüler:innen ohne Lernschwierigkeiten jedoch größer. Darüber hinaus verweisen die Ergebnisse darauf, dass die projektförmige Konzeption der Unterrichtseinheit für beide Gruppen, mit und ohne Lernbeeinträchtigungen, einen vergleichbaren Effekt im Hinblick auf ihr Lernverhalten sowie das Verständnis für die Prinzipien von Geschichte entwickelt, wenn die Quellenarbeit durch die Thematisierung des Konstruktcharakters von Geschichte gerahmt ist.

Fragen und Interessen der Schüler:innen berücksichtigen

Projektarbeit erfordert eine konsequente Hinwendung zu den subjektiven Fragen und Themeninteressen der Lernenden als Ausgangspunkt für die Planung von Geschichtsunterricht. Im Projekt kann daher die Unterrichtsplanung nicht mehr vollständig im Vorfeld der Durchführung erstellt werden. Vielmehr kommt der Lehrperson die Aufgabe zu, motivierende Konfrontationen mit historischen Phänomenen zu gestalten, auf die die Lernenden ihre Fragen „werfen" können. Die Unterrichtsplanung muss somit eine größere Offenheit erlauben, sodass trotz der inhaltlichen Setzungen verschiedene Lernwege und Zugangsweisen ermöglicht werden. Im Kontext von Inklusion bietet ein solcher Ansatz darüber hinaus die Möglichkeit, dass „jede Schülerin und jeder Schüler ihre/seine je eigene Fragestellung" entwickeln kann (Barsch/Dziak-Mahler 2014, 130). Die Fragen der Lernenden werden Ausgangspunkt eines intrinsisch formulierten Forschungsauftrags: „Die Rolle der Lehrkraft verändert sich; sie wird stärker zur Prozessbegleiterin, Moderatorin, ‚Materialbeschafferin'. Ihre Rolle als ‚Wissende' setzt sie der jeweiligen Situation nach adäquat ein." (ebd., 131).

Der Fokus auf die individuellen Fragen der Lernenden bedeutet nicht, dass es keinen gemeinsamen Gegenstand gibt. Vielmehr ist das „historische Phänomen", mit dem die Lernenden zu Beginn des Projekts konfrontiert werden, der gemeinsame Gegenstand/die Kernidee/das Basiskonzept (z.B. „Arbeit"). Den Ausgangspunkt des Projektunterrichts können subjektiv triftige problemorientierte Fragen bilden:

| Phase | Unterrichtsgeschehen |
|---|---|
| Konfrontation der Schülerinnen und Schüler mit einem historischen Phänomen. | Setzung durch Lehrkraft. |
| Ermittlung der subjektiven Fragen der Schülerinnen und Schüler. | Ergebnisoffen. Auch „unhistorische" Fragen werden zugelassen. |
| Hypothesenbildung der Schülerinnen und Schüler. | Ergebnisoffen. Auch „unhistorische" Hypothesen werden zugelassen. |
| Clustern von Fragen und Hypothesen. | Kriterien: Auf Vergangenheit bezogen/auf Gegenwart bezogen. |
| Materialsammlung durch Lehrkraft/Schülerinnen und Schüler. | Ziel: Welche weiteren Materialien können genutzt werden, um die Fragen und Hypothesen aus Phase 4 zu beantworten? Fokus: Vergangenheit! |
| Analyse der Materialien. | Historische Analyse. |
| Beantwortung der Fragen/Hypothesen. | Die Antworten müssen intersubjektiv prüfbar sein, d. h. Mitschülerinnen und Mitschüler müssen die Argumentation nachvollziehen können. |
| Gegenwartsgenetischer Bezug/ Handlungskompetenz. | Lassen sich die gegenwartsbezogenen Fragen mit den erarbeiteten Erkenntnissen auch beantworten? Was bedeuten die Ergebnisse für die einzelnen Schülerinnen und Schüler? |

**Tab. 11: Modell eines inklusiv-problemorientierten Geschichtsunterrichts (aus: Barsch/Dziak-Mahler 2014, 130).**

Zu Beginn werden die Lernenden mit einem „Problem“ oder einer offenen Fragestellung („Wie kommen wir zu Wissen über die Vergangenheit?“) konfrontiert. Zu diesem Sachverhalt stellen sie ihre Fragen (z.B. „Kann man auch etwas über Menschen in der Vergangenheit herausfinden, über die damals nichts geschrieben wurde?“). Jede Schülerfrage findet zunächst Berücksichtigung, egal wie ‚schwierig‘ sie sein mag, und entfällt nicht wegen der Zielvorgabe einer Unterrichtsstunde.

Forscherfragen formulieren

Aus den Fragen wird anschließend ein Thema formuliert („Viele Geschichten in der Gesellschaft“). Anschließend formulieren die Schüler:innen erste ‚Forscherfragen‘ und entwickeln einen Plan, diese zu beantworten.

**Forscherfragen aufstellen**

Plane dein Projekt von Beginn an, indem du Forscherfragen aufstellst und dir so deine Ziele überlegst:

- Was will ich in dem Projekt herausfinden? (Tipp: Gute Forscherfragen zeichnen sich dadurch aus, dass du sie noch nicht beantworten kannst und sie dich zu spannenden und neuen Erkenntnissen führen. Daher können Forscherfragen auch nicht mit Ja oder Nein beantwortet werden.)

**Abb. 7: Formulierung der Forscherfragen (Teil eines AB erstellt nach Vorlage von Daniel Tries).**

Hinsichtlich der Diagnostik der Lernausgangslage, insbesondere in inklusiven Lerngruppen, stellt diese erste Phase der Projektinitiative eine Schlüsselstelle dar, denn bei der Entwicklung der Forscherfragen und beim Erstellen einer ersten eigenen Mindmap zum Thema wird die Lernausgangslage der Lernenden sichtbar.

Angeleitet durch die Projektmappe, in der die Schritte geplant und eingetragen oder auch Protokolle für Einzelsitzungen ausgefüllt werden, recherchieren die Lernenden möglichst selbstständig in (Schul-)Büchern, Lexika, Zeitschriften und natürlich auf verschiedenen Internetseiten zum gewählten Thema bzw. zu ihrer Frage. Die Auswahl der Medien kann nach den Prinzipien des Universal Design of Learning (siehe Kap. 4.4) gestaltet sein, sodass die Lehrkraft nicht spezifisch für einzelne Lernende Material erstellt, sondern die Materialzusammenstellung direkt nach Kriterien möglichst großer Varianz zusammenträgt. Die Schüler:innen steuern so die Binnendifferenzierung, indem sie für sich passende Materialien auswählen.

Die Rolle der Lehrperson verändert sich dadurch zu einer Lernbegleitung, die nicht mehr vorgibt, sondern unterstützt, berät und nur teilweise lenkend eingreift.

Im Verlauf der Durchführungsphase erstellen die Lernenden dann ein Produkt, das ihre eigene historische Narration darstellt.

Den Abschluss des Projekts bildet die Präsentation in der Lerngruppe. An der Offenen Schule Köln beispielsweise steigt die Relevanz und Wertschätzung durch zwei fest im Terminplan implementierte Präsentationstage pro Schuljahr, an denen den Eltern sowie der Schulgemeinde die Arbeiten z.B. an Messeständen präsentiert werden. Abschließend reflektieren die Schüler:innen ihr Projekt mithilfe eines Reflexionsbogens.

Reflexionsbogen

<table>
<tr><td colspan="2">Durchgeführte Projekte:<br>• z.B.: Stadt Land Fluss – Baustein zu Lernvideos in Kooperation mit Planet Schule<br>• Erneuerbare Energien – individuelles Thema:<br>• Produkt/Aktion:<br>• Individuelles Projekt:</td><td>mit Unterstützung beherrscht</td><td>sicher beherrscht</td><td>überwiegend sicher beherrscht</td><td>teilweise beherrscht</td><td>nicht beherrscht</td><td>ohne Bewertung</td></tr>
<tr><td colspan="2">Kompetenzbereich</td><td></td><td></td><td></td><td></td><td></td><td></td></tr>
<tr><td rowspan="3">Ideenentwicklung und Planung</td><td>Entwickelt eigene Ideen für ein Projekt.</td><td></td><td></td><td></td><td></td><td></td><td></td></tr>
<tr><td>Formuliert Forscherfragen und Projektziele.</td><td></td><td></td><td></td><td></td><td></td><td></td></tr>
<tr><td>Nutzt Planungshilfen zur Organisation der Projektarbeit.</td><td></td><td></td><td></td><td></td><td></td><td></td></tr>
<tr><td rowspan="4">Recherche</td><td>Sucht selbstständig nach Informationen und entnimmt diese zielgerichtet.</td><td></td><td></td><td></td><td></td><td></td><td></td></tr>
<tr><td>Entnimmt Filmen fragengeleitete Informationen.</td><td></td><td></td><td></td><td></td><td></td><td></td></tr>
<tr><td>Plant, welche Materialien benötigt werden und beschafft diese.</td><td></td><td></td><td></td><td></td><td></td><td></td></tr>
<tr><td>Geht mit Daten und Informationsquellen sachgerecht und kritisch um.</td><td></td><td></td><td></td><td></td><td></td><td></td></tr>
<tr><td rowspan="6">Durchführung</td><td>Führt das Projekt entsprechend der Planung selbstständig durch.</td><td></td><td></td><td></td><td></td><td></td><td></td></tr>
<tr><td>Arbeitet konzentriert und nutzt die Lernzeit effektiv.</td><td></td><td></td><td></td><td></td><td></td><td></td></tr>
<tr><td>Arbeitet kooperativ in einer Gruppe.</td><td></td><td></td><td></td><td></td><td></td><td></td></tr>
<tr><td>Nutzt PC oder Tablet sinnvoll und zielgerichtet für das Projekt.</td><td></td><td></td><td></td><td></td><td></td><td></td></tr>
<tr><td>Beschäftigt sich umfassend mit dem Thema.</td><td></td><td></td><td></td><td></td><td></td><td></td></tr>
<tr><td>Nimmt kritisch Stellung zu beispielhaften Problemen oder Fragen.</td><td></td><td></td><td></td><td></td><td></td><td></td></tr>
<tr><td rowspan="2">Präsentation</td><td>Stellt das Projekt verständlich und anschaulich vor.</td><td></td><td></td><td></td><td></td><td></td><td></td></tr>
<tr><td>...</td><td></td><td></td><td></td><td></td><td></td><td></td></tr>
</table>

**Tab. 12: Bewertungsraster (erstellt von Daniel Tries, Offene Schule Köln).**

In der Reflexionsphase wird auch analysiert, inwieweit die Ergebnisse der Arbeit das übergreifende Thema/die Kernidee/das Basiskonzept des Projekts widerspiegeln und auf andere Phänomene der Wirklichkeit übertragen werden können.

## 4.4 Methodische Perspektiven für die Unterrichtsgestaltung

Ansätze für die Unterrichtsgestaltung

Im Folgenden werden Perspektiven für die Unterrichtsgestaltung vorgestellt, die in verschiedenen Unterrichtsformen entweder in einzelnen Stunden oder der gesamten Einheit eingesetzt werden können. Es handelt sich hierbei um Ideen, einen Unterricht so zu gestalten, dass alle Lernenden daran teilhaben können. Gleichzeitig zielen die Ideen auf Aspekte, die sich im Kontext von Inklusion zunehmend als Schwerpunkte für gelingenden Unterricht herauskristallisieren:

1. Wie kann Unterricht gestaltet werden, ohne dass er durch „starre" Binnendifferenzierung Lernen verhindert?
2. Wie kann Sprache als Kern historischen Lernens berücksichtigt werden?
3. Wie können nichtkognitive Elemente den Unterricht bereichern?
4. Welche Maßnahmen zur Herstellung von Barrierefreiheit sind für den (Geschichts-)Unterricht denkbar?

### Universal Design of Learning

Universal Design of Learning

Für die Gestaltung inklusiven Unterrichts wird seit einiger Zeit das Konzept des „Universal Design of Learning" als erfolgversprechend angesehen (ausführlich dazu Kühberger/Barsch 2020). Hintergrund ist u.a. die Erfahrung, dass es unterrichtsökonomisch äußerst herausfordernd ist, für alle einzelnen Lernenden einer Gruppe individuelles Material bereitzustellen. Gleiches gilt für „klassisches" Differenzierungsmaterial, welches Angebote zum gleichen Lerngegenstand auf verschiedenen Leistungsniveaus anbietet (Kühberger/Windischbauer 2012). Dies birgt zudem die Gefahr, dass Schüler:innen nicht ihr volles Potenzial entfalten können, da ihnen ein bestimmtes Material „zugewiesen" wird (Smith

2010, 72). Das *Universal Design of Learning* (UDL) geht einen anderen Weg, indem Binnendifferenzierung eher im Sinne von „Viele Wege führen zum Ziel“ verstanden wird. Zentral ist dabei, Lernsettings so zu konzipieren, dass sie „Rampen“ für einen möglichst barrierefreien Zugang zum gemeinsamen Lernen auf unterschiedlichsten Lernniveaus bereitstellen. Dies ist vorstellbar wie die tatsächlichen Rampen im architektonischen Sinne: Auf diesen gelangen sowohl Rollstuhlfahrer:innen, Personen, die einen Kinderwagen schieben, oder eben auch Gehende zum Ziel. Ähnlich ist das „Design“ für die Gestaltung inklusiver Unterrichtsszenarien gedacht. Anders als bei der „klassischen“ Binnendifferenzierung werden nicht spezielle Lernangebote für „spezielle“ Schüler:innen vorbereitet, sondern die Lernenden können selbst aus einem Pool von Angeboten auswählen, die allen zugänglich sind. Dies heißt, dass auch die Schüler:innen ohne Behinderung auf Texte in Leichter Sprache, die Vorlesefunktion von Texten am Computer oder piktogrammunterstützte Arbeitsaufträge zurückgreifen können. Im Kontext von Geschichte etwa konzipiert das Deutsche Historische Museum in Berlin vermehrt Ausstellungen, die diesem Prinzip folgen: Ein Großteil der Informationen zu den Ausstellungsobjekten wird etwa sowohl in Standardsprache, Leichter Sprache, Braille als auch als Audiospur zur Verfügung gestellt. Die Besucher:innen können selbst wählen, welches Angebot sie nutzen (siehe www.dhm.de/besuch-service/barrierefreies-museum.html). Das Universal Design of Learning zielt also darauf ab, unterschiedlichen Lerngruppen flexible Angebote zu machen, die allen Lernenden von Beginn an gleiche Lernmöglichkeiten bieten und die Lernwege nicht durch Vorauswahl einschränken. Das UDL-Prinzip geht der Frage nach, wie Ziele, Methoden, Materialien und Evaluationen beziehungsweise diagnostische Verfahren aussehen müssen, dass sie für alle Lernenden in einer Gruppe zugänglich sind. Leitfragen für die Gestaltung eines solchen Unterrichts sind: Was sind meine Ziele für den Unterricht? Welche Barrieren gibt es in meinem Klassenzimmer hinsichtlich der Vielfalt der Schüler:innen? Um diese Barrieren zu verringern, wurden drei Prinzipien eines *Universal Design for Learning* entwickelt (Gargiulo/Metcalf 2017, 42):

| **Prinzip I** | **Prinzip II** | **Prinzip III** |
|---|---|---|
| Biete verschiedene Repräsentationen von Informationen | Biete vielfältige Möglichkeiten für Handlungen und Aktivitäten | Biete vielfältige Möglichkeiten der Förderung von Lernengagement und Lernmotivation |
| Lernende unterscheiden sich in der Art und Weise, wie sie die Informationen, die sie bekommen, aufnehmen und begreifen. So werden ggf. andere Möglichkeiten, Inhalte zu erfassen, benötigt, wenn Beeinträchtigungen beispielsweise durch sensorische Behinderungen (z. B. Blindheit oder Gehörlosigkeit), Lerneinschränkungen (z. B. Legasthenie) oder auch Sprach- und Kulturbarrieren vorhanden sind. Auch nehmen einige Informationen schlichtweg besser über visuelle und auditive Kanäle auf als über gedruckten Text. Zudem werden das Lernen und der Lerntransfer durch die Nutzung verschiedener Zugänge erleichtert, da SuS nicht nur innerhalb, sondern auch zwischen Konzepten Verknüpfungen aufbauen können. Letztlich gibt es nicht den einen optimalen Zugang für alle Lernenden; verschiedene Möglichkeiten anzubieten, ist daher essenziell. | Lernende unterscheiden sich in der Art und Weise, wie sie sich in bestimmten Lernumgebungen verhalten und ihre Erkenntnisse ausdrücken. So bearbeiten Individuen mit Bewegungseinschränkungen oder jene mit Beeinträchtigungen durch exekutive Dysfunktionen (z. B. ADHS) oder auch Sprachbarrieren, Materialien sehr unterschiedlich. Einige drücken sich vielleicht besser in schriftlichen als in mündlichen Aufgaben aus und umgekehrt. Auch muss beachtet werden, dass das Bearbeiten und Präsentieren von Aufgaben strategisches Denken, Übung und Organisation voraussetzt und sich SuS hierin unterscheiden. Ebenso gibt es mehr als nur einen Weg, Aufgaben zu bearbeiten und Erkenntnisse auszudrücken. Verschiedene Handlungsmöglichkeiten anzubieten, ist essenziell. | Lernen beinhaltet auch affektive Momente. Lernende unterscheiden sich stark in der Art und Weise, wie sie sich engagieren und motivieren lassen.<br><br>Manche mögen durch Spontaneität und Neuheiten motiviert sein, während andere, die eine feste Routine mögen, dadurch abgeschreckt werden könnten. Einige mögen Einzel-, andere Gruppenarbeit bevorzugen.<br><br>Auch hier gibt es nicht die eine Möglichkeit für SuS, sich zu engagieren: verschiedene Optionen anzubieten, ist essenziell. |
| **das Was des Lernens** | **das Wie des Lernens** | **das Warum des Lernens** |

**Tab. 13: Grundlagen des Universal Design of Learning (UDL) (http://www.udlcenter.org/aboutudl/whatisudl/3principles, eigene Übersetzung).**

Individuelle Lernprogression

„Rampen" sind demnach in schulischen Lehr-Lern-Situationen Metaphern für unterrichtspraktische Settings, in denen alle Schüler:innen die Möglichkeit erhalten, eine individuelle Progression im Lernfortschritt zu erzielen, ohne durch Setzungen der Lehrpersonen daran gehindert oder durch Begrenzungen von Minimal- oder Maximalzielen eingeschränkt zu werden. Alle Lernenden können die „Rampe" betreten, um auf ihr so weit zu kommen, wie es ihnen möglich ist. So können den Lernenden im Geschichtsunterricht verschiedene Repräsentationen (Texte, Bilder, Audiofiles ...) des Lerngegenstands angeboten werden (das „Was?"):

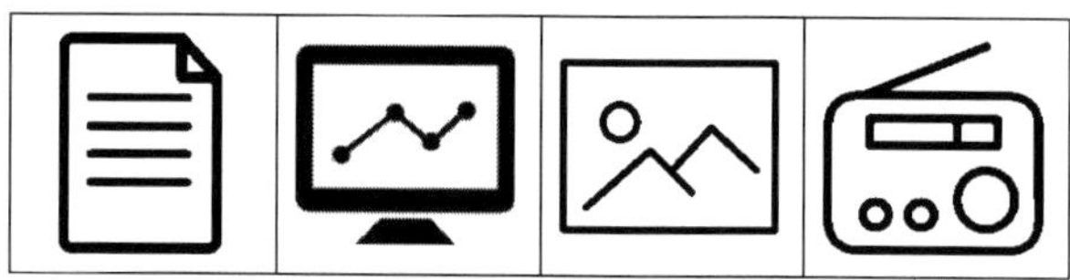

**Abb. 8: Piktogramme veranschaulichen verschiedene Repräsentationsformen.**

Zielt historisches Lernen etwa auch auf eine kritische Reflexion von historischen Darstellungen ab (De-Konstruktion), so sollten durch eine derartige Auswahl an Darstellungen gleichzeitig auch verschiedene Darstellungsmodi von Vergangenheit berücksichtigt werden. Dem Thema „Vorstellungen zum Mittelalter" könnte sich somit etwa durch Text- und Bildquellen, ebenso aber auch durch Spielzeugfiguren von Königen, Filmausschnitte (Dokumentationen, Spiel- und Zeichentrickfilme), Sequenzen aus Computerspielen etc. angenähert werden. Auf diese Weise können nicht nur verschiedene inhaltlich zugängliche und ergänzende Momente berücksichtigt, sondern auch widersprüchliche und kontroverse Darstellungen zur Verfügung gestellt werden, um im Sinn einer Rampe damit eine größtmögliche Varianz an qualitativen Erschließungen zuzulassen. Aber auch hinsichtlich der Auseinandersetzung mit den Materialien (das „Warum?") kann man eine geschichtsdidaktische Perspektive eröffnen. Es wird in derartigen Prozessen auch sinnvoll sein, mannigfaltige Ausdrucksweisen (das „Wie?") zuzulassen, in denen die Lernenden ihre Ergebnisse präsentieren. Neben den traditionellen schriftlichen Darstellungsformen von Geschichte (z.B. Essay, Sachtext, strukturiertes Plakat, digitale Folien) sollten auch auditive Formate (z.B. mündliche Berichte, Kurzreferate, Interviews als Audioaufnahmen o.Ä.) oder ästhetische Zugänge (z.B. über Rollenspiele, theatralische Inszenierungen) gleichberechtigt Platz finden.

### Sprachsensibler Geschichtsunterricht

Sprachliche Bedingungen berücksichtigen

Die „Narrative Kompetenz" gilt mittlerweile nahezu als Zielparameter und Paradigma historischen Lernens, was nicht überrascht, wenn auch reflektiert wird, dass sich Geschichte immer über Sprache äußert (Handro 2015, 5). Dies gilt auch für inklusive Settings (Alavi/Franz 2017, 40). Fachunterricht wächst auch in der Geschichtsdidaktik die Erkenntnis, dass der Lehrkraft eine weit größere Bedeutung zukommt. Denn selbst außerhalb von „Inklusion" kann bezweifelt werden, ob Schüler:innen dem Sprachhandeln im Unterricht folgen können (Bernhardt/Wickner 2015, 281; Barsch 2018b). Die Herausforderung für sprachsensiblen Geschichtsunterricht in inklusiven Settings zeigt sich auf zwei Ebenen:

1. Der Sprachkompetenz der Schüler:innen (Schreiben, Sprechen, Erzählen, Verstehen)
2. Der Fähigkeit der Lehrpersonen, sprachsensibel Unterricht zu gestalten und Sprachvoraussetzungen zu diagnostizieren.

Unbeantwortet muss derzeit noch die Frage bleiben, wie die narrative Kompetenz sich bei der Gruppe der nichtsprechenden Schüler:innen äußern könnte. Damit sind nicht gehörlose Menschen gemeint, sondern solche Personen, die weder über verbal- oder schriftsprachliche noch über gebärdensprachliche oder sonstige Fähigkeiten alternativer Kommunikation verfügen. Im Zuge eines umfassenden Verständnisses von Inklusion darf man diese Gruppen nicht ausschließen (Völkel 2017). Für einen inklusiven Unterricht gilt es daher auch, diesen Kindern und Jugendlichen die Teilhabe zu ermöglichen, auch wenn durch das Fehlen einer von allen geteilten Sprachbasis das Arbeiten am gemeinsamen Gegenstand erschwert wird. Aus der Sonderpädagogik sind hier einige Ansätze bekannt (Arbeit mit Bildkarten, Unterstützte Kommunikation etc.) (Köhnen/Roos 2002). Es sollte aber immer kritisch überprüft werden, ob die entsprechenden Lernenden tatsächlich teilhaben oder es sich nicht eher lediglich um eine Anwesenheit im Klassenzimmer handelt, wobei dies nicht negativ gewertet werden soll. Da es für einige Schüler:innen oft unbekannt bleiben wird, ob sie auf ihre Art am Unterricht teilhaben oder nicht, gibt es gute Gründe, sie dennoch in den Unterricht zu integrieren.

Im Folgenden werden zwei Ansätze vorgestellt, die im Kontext von sprachsensiblem Geschichtsunterricht interessant sind. Dabei handelt es sich einerseits um Scaffolding, andererseits um das Konzept der Leichten Sprache. Beide Ansätze sind miteinander verwoben und gehen der Frage nach, wie mit sprachlichen Mitteln Unterricht gestaltet werden kann, damit eine heterogene Lerngruppe von diesem profitiert.

**Scaffolding**

Scaffolding – sprachliche „Baugerüste“

Scaffolding ist ein Ansatz, der ursprünglich dem Kontext Deutsch als Zweitsprache (DaZ) entspringt. Grundlegend geht es hierbei darum, Sprachbildung auch im Fachunterricht zu betreiben. Der Begriff „Scaffold“ kommt aus dem Englischen und bedeutet zunächst einmal (Bau-)Gerüst. Wurde Scaffolding zunächst im Kontext von Erst- und Zweitspracherwerb eingesetzt (auch im Unterricht bei Mehrsprachigkeit), wird es zunehmend auch als Möglichkeit verstanden, Schüler:innen über die Bereitstellung von sprachlichen Mitteln fachliches Lernen zu erleichtern. Die grundlegende Idee ist, den Lernenden eine vorübergehende sprachliche Hilfestellung zur Verfügung zu stellen, welche nach und nach entfernt wird. Ziel ist, dass die entsprechenden sprachlichen Handlungen dann durch die Kinder und Jugendlichen selbstständig ausgeführt werden (Kniffka 2013). Unterschieden werden kann dabei zwischen dem Makro- und Mikroscaffolding (ebd.). Zum Makroscaffolding gehören:

1. Bedarfsanalyse
   - Welche Fachwörter, Redewendungen etc., Aufgabenstellungen etc. könnten in der Unterrichtseinheit im Unterricht thematisiert werden?
   - Welche Texte sollen verwendet werden?

    - Welche Hürden (Fachsprache, Metaphern etc.) finden sich in den Texten?
    - Welche Unterstützung durch Erklärungen, Wortschatzarbeit etc. wird daher notwendig werden?
2. Lernstandsanalyse
    - Welche sprachlichen Mittel bringen die einzelnen Lernenden mit, wie kann ich diese diagnostisch ermitteln?
3. Unterrichtsplanung
    - Wie kann ich Bedarf und Lernstand in der Gestaltung des Unterrichts gleichsam berücksichtigen?
    - Wie kann ich für reichlich sprachlichen Input sorgen (schrift- und verbalsprachlich)? Welches Zusatzmaterial brauche ich (Wortschatzkarten etc.)?
    - Wie kann ich metasprachliche und metakognitive Phasen in den Unterricht einbauen?
        - Woher kommt der Begriff „Quelle“?
        - Was bedeutet „Adel“?
        - Warum ist der Gebrauch des Konjunktivs notwendig („Es könnte so gewesen sein“ statt „Es war“)?
        - Was ist „Zeit“?
    - Welche Brückentexte, also ergänzende Erklärungstexte, brauche ich?
    - Wie kann ich die Lernaufgaben so sequenzieren, dass sie vom Alltagssprachgebrauch mehr in den Bildungs- und Fachsprachgebrauch leiten?
    - Wie kann ich insgesamt die Prinzipien „Vom Konkreten zum Abstrakten“, „Vom Einfachen zum Komplexen“, „Von der Alltagssprache zur Bildungssprache“ berücksichtigen?
    - Wie kann ich Lern- und Arbeitsformen so gestalten, dass die Lernenden sprachlich miteinander agieren müssen?

Das Mikroscaffolding fokussiert die tatsächlich Unterrichtsinteraktion. Hier gilt es, Unterricht so zu gestalten, dass dieser nicht nur aus Frage-Antwort-Spielen (fragend-entwickelnder Unterricht) besteht, sondern aus aktivierend sprachlicher Interaktion. Gibbons formuliert dazu diese sechs Prinzipien (2015):

1. Verlangsamung der Lehrer-Schüler-Interaktion
2. Mehr Planungszeit für Schüler:innen für alle sprachlichen Äußerungen im Unterricht
3. Die Schaffung von echten Kommunikationssituationen, in denen Schüler:innen statt einer Ein-Wort-Antwort komplexere Äußerungen machen müssen
4. Aktives Zuhören durch Lehrer:innen
5. Re-Formulierung von Äußerungen durch die Lehrkraft („Der Brief ist also die Quelle, zu der du eine Frage hast?“)
6. Einbettung von Äußerungen der Lernenden in größere konzeptuelle Zusammenhänge

Den gesamten Planungsprozess haben Kniffka/Neuer 2008 am Beispiel der Arbeit mit dem Kompass (im Geographieunterricht) anschaulich dargestellt:

| **fachliche Ebene** | **Aufgabenbeispiel** | | **Sprachvariante** |
|---|---|---|---|
| abstrahierende Distanz | **Den Fachtext lesen:** Texte zum Thema im Schulbuch lesen und verstehen | | schriftlich und im gesprochenen Wort konzeptionell fachsprachlich |
| | **Den Kompass anwenden:** zweites Experiment in Partnerarbeit | **Die Ergebnisse verschriftlichen:** Abfassen eines Protokolls unter Verwendung bereits verfeinerter Fachsprache | |
| | **Den Kompass in seiner Funktionsweise beschreiben:** Zusammentragen der Ergebnisse aus dem Experiment | **Der Klasse präsentieren:** mündlicher Vortrag mit ersten fachsprachlichen Begriffen und Wendungen | |
| konkrete Anschauung | **Den Kompass ausprobieren:** spielerisches Experiment in Partnerarbeit | **Dem/der Partner/in berichten:** mündliche Erzählung in Alltagssprache | alltagssprachlich-mündlich |

**Abb. 9: Scaffolding (nach: Kniffka/Neuer 2008, 129).**

Haberzettl hat in Anlehnung an Gibbons (2002, 122) folgende Checkliste für die Planung sprachsensiblen Fachunterrichts erstellt:

| Sprechen | Hören | Lesen |
|---|---|---|
| Welche Anforderungen an den mündlichen Sprachgebrauch gibt es? | Welche Art des Hörens wird verlangt: Interaktionales? Transaktionales? | Was für Texte werden die Lernenden lesen? Gibt es nicht-lineare Texte? Was für sprachliche und/oder kulturelle Hürden tun sich möglicherweise auf (siehe auch Grammatik/Wortschatz)? |
| Falls bislang nicht viele Gelegenheiten für mündlichen Sprachgebrauch vorgesehen sind: Wo könnten mündliche Übungen eingeschlossen werden? | Falls es bislang nicht viele Gelegenheit für Hörübungen gibt: Welche speziellen Hörverstehensaufgaben können eingeschlossen werden? | Wie können die Texte den Lernenden zugänglich gemacht werden? Zielen die Leseverstehensaufgaben auf die Erweiterung der Lesestrategien und des sprachlichen Wissens ab? Falls es bislang nur wenige Lesetexte gibt: Können andere hinzugezogen werden? |
| **Schreiben** | **Grammatik** | **Wortschatz** |
| Welche schriftlichen Textsorten müssen von den Lernenden verfasst werden? Wie sieht die schematische Struktur dieser Texte aus? Welche Art von Konnektoren kommt in diesen Textsorten vor? | Welche grammatischen Aspekte werden durch das Thema gefordert?<br>• Passiv<br>• Substantivierungen<br>• Komplexe Wortbildungsprodukte<br>• Komplexe Nominalphrase etc. | Welchen speziellen Wortschatz müssen Lernenden kennen?<br>• Fachwortschatz<br>• Fachspezifische Wendungen/Ausdrucksweisen etc. |
| Falls es kaum schriftliche Aufgaben gibt: Welche Textsorten sind relevant und können aufgenommen werden? | | |

**Tab. 14: Checkliste für die Planung sprachsensiblen Fachunterrichts (aus: Haberzettl, o. J.).**

Im alltäglichen Unterricht finden oft schon intuitiv Formen des Scaffolding statt. Gleichwohl ermöglicht eine stärkere Berücksichtigung dieser Prinzipien bei der Planung inklusiven Geschichtsunterrichts eine noch größere Sensibilität für die sprachlichen Faktoren, die Unterricht bedingen. So werden zwar in der Regel neue Begriffe im Unterricht erklärt („Industrialisierung“). Gleichwohl mag es oft ausbleiben, dass Wörter, von denen angenommen wird, dass es alltägliche Vorstellungen zu ihnen gibt („König", „Früher"), explizit zum Unterrichtsgegenstand gemacht werden. Insbesondere die mehrfache Thematisierung von metasprachlichen Aspekten (Bedeutung von Begriffen und Sprache für das Verstehen von Geschichte) hat sich empirisch als Erfolg versprechend für inklusiven Geschichtsunterricht herausgestellt.

So stellen auch Fachwörter eine enorme Herausforderung für das historische Lernen dar:

*„Das Lernen von historischen Fachwörtern muss aufgrund dieser semantischen Herausforderungen immer kontextbezogen erfolgen: König Otto I. (912–973) hatte diese und jene Rechte und Pflichten. Von König Otto I. kann dann auf die Königsherrschaft im Hochmittelalter geschlossen werden. Im 10. Jahrhundert ist ein König ein Mann, der diese und jene Rechte und Pflichten hatte. Für das historische Lernen ist aber von Bedeutung, dass die Definition des Begriffs zwar einerseits konkret und eindeutig sein muss, zugleich aber auch so offen sein sollte, dass ein Transfer auf andere historische Kontexte möglich bleibt. Wenn denn der Begriff ‚König' zum Beispiel auch auf Juan Carlos I. von Spanien (*1938) angewendet werden soll, dann muss er für Lernende so definiert werden, dass er die im Vergleich zu Otto I. unterschiedlichen Merkmale seines Amtes unter dem Oberbegriff integrieren kann. Der Weg des Lernens historischer Fachwörter geht also, wie das Lernen schlechthin, einen Dreischritt: von der Anschauung zum Begriff und dann wieder zur Anschauung, vom historisch Konkreten zum Abstrakten und dann wieder zum historisch Konkreten." (Hamann/Krehan 2013, 173)*

Wortschatzarbeit ist im Kontext von Scaffolding und inklusivem Geschichtsunterricht stärker zu beachten, denn historische Begriffe bezeichnen oft etwas nicht Beobachtbares, unterliegen in ihrer Semantik einem zeitlichen Wandel, werden kulturell unterschiedlich konnotiert, sind oft vieldeutig („Herrschaft") oder haben in der Alltagssprache eine andere Konnotation („Revolution") (ebd., 172 f.). Hamann und Krehan haben eine Fünf-Schritt-Methode der Wortschatzarbeit

Wortschatzarbeit

entwickelt, die auch für die Planung von Makro-Scaffolds eingesetzt werden können (ebd., 176):

| Schritte | Aufgabentypen |
|---|---|
| Wortschatzaktivierung als Voraussetzung, Formulierungen | Fachwörter im Kontext von Formulierungen, Fachwörter in Buchstabengitter finden, Wortfelder erstellen |
| Fachwörter zu einem Thema einführen | bekannte Fachwörter in Texten markieren, neue Begriffe zu bekannten Wortfeldern markieren, Bild beschriften |
| Fachwörter und Formulierungen üben | Bild beschriften, Begriffe in ein Schaubild einordnen, Buchstabensalat entwirren (Fachbegriffe rekonstruieren), zu vorgegebenen Erklärungen Fachwörter und Wortverbindungen suchen, Lückentext ausfüllen |
| Fachwörter in Sprachwendungen benutzen lassen | Rollenspiel, einfache Quellenanalyse unter Zuhilfenahme von Satzmustern anfertigen, Fachwörter in eigenen Formulierungen verwenden, einen kurzen Vortrag halten, einen Brief schreiben |
| Über Wörter reflektieren | Karteikarten zu Wortfamilien anfertigen |
| Testen | Bilder beschriften, logische Reihenfolge von Abläufen herstellen, Lückentext ausfüllen |

**Tab. 15: Fünf-Schritte-Methode der Wortschatzarbeit (aus Hamann/Krehan 2013, 176).**

Die Schüler:innen könnten auch selbst Begriffskarten erstellen, auf denen sie sich intensiver mit einem Fachbegriff auseinandersetzen, z.B. mit dem Begriff „Quelle“: Begriffskarten

| **Erklärung**<br>Überreste aus der Vergangenheit. Mit Quellen kann man die Vergangenheit erforschen. | **Merkmale**<br>Quellen können Briefe, Bilder, Bücher, Gebäude oder auch Filme sein, die von Menschen in der Vergangenheit gemacht wurden. |
|---|---|
| **Beispiele**<br>Ein Tagebuch aus dem Jahr 1900; ein Gesetz, das in dem Jahr veröffentlicht wurde; ein altes Haus, auf dem „AD 1900“ steht. | **Darüber sprechen/schreiben**<br>Die Quelle (Singular) – die Quellen (Plural)<br>Eine Quelle analysieren<br>Die Quelle ist aus dem Jahr ... |

**Tab. 16: Begriffskarte (nach: Born u. a. 2019, 105).**

Formulierungshilfen

Sprachliche Formulierungshilfen kann es aber für einzelne Arbeitsschritte wie die Auswertung von Schaubildern geben:

| Elemente des Schaubildes beschreiben | Formulierungshilfen |
|---|---|
| Worum geht es bei dem Schaubild? | Das Schaubild zeigt .../stellt ... dar |
| Wofür stehen die verschiedenen Farben? | Die Farben stehen für .../Die Symbole bedeuten ... |
| Wie kann der Inhalt des Schaubildes zusammengefasst werden? | Könige waren auf ... angewiesen ... |

**Tab. 17: Formulierungshilfen (nach: Born u. a. 2019, 88).**

Wie anspruchsvollere Maßnahme des Scaffolding für das Fach Geschichte aussehen könnten, kann am Beispiel eines Essayplans für das Verfassen einer historischen Argumentation verdeutlicht werden (Mierwald/Nicola Brauch 2015):

**Einleitung**

1. Kurze Zusammenfassung des historischen Ereignisses (Wer? Was? Wann? Wo?).
2. Erkläre die historische Frage.
3. Gibt es widersprüchliche Sichtweisen zur historischen Frage?
4. Formuliere eine eigene Position oder Behauptung zur historischen Frage.

⬇

**Unterstützender Absatz 1**

1. Stärkstes Argument (= Gib ein Argument an, das deine Position unterstützt.)
2. Zitiere (= Beispiele aus den Quellen auswählen, die dein Argument unterstützen; Gib an und beachte, von wem und woher die Quelle stammt. Du kannst auch Aussagen von Historikern nutzen.)
3. Erkläre dein Zitat. (Was ist damit gemeint? Wie unterstützt das dein Argument?) Beispielsweise: *Dieser Beleg zeigt eindeutig, dass ... Diese Aussage unterstützt meine Position, weil ...*

⬇

**Unterstützender Absatz 2**

1. Weiteres Argument
2. Zitiere…
3. Erkläre…

⬇

**Widerlegender Absatz**

1. Stärkstes Argument, das gegen Dein Argument spricht.
2. Zitiere … (Quellen belege bzw. Historikeraussage angeben, der/die gegen Dein Argument spricht)
3. Erkläre…

**Schlussfolgerung/historisches Urteil**

1. Vergleiche die von Dir genannten Argumente und Belege und wäge diese gegeneinander ab.
2. Schreibe eine abschließende Antwort auf die historische Frage. Nutze dabei Qualifizierungen (z. B. vermutlich, wahrscheinlich, sicher, durchaus …) für Deine Antwort.

**Abb. 10: Essay-Plan (angepasst nach: Mierwald/Brauch 2015, 116).**

Der Plan enthält schon eine strukturierte Hilfe für das Verfassen der Argumentation. Aus Perspektive des Scaffolding ließen sich hier noch weitere sprachliche Unterstützungsmaßnahmen einfügen, die den Lernenden konkrete sprachliche Mittel, also Formulierungshilfen, an die Hand geben würden, was auch Vorschläge für Satzanfänge, Formulierungen etc. beinhaltet. Einen solchen Vorschlag hat Matthias Sieberkrob (2017) entwickelt:

**Einleitung**

1. Kurze Zusammenfassung des historischen Ereignisses (Wer? Was? Wann? Wo?).
2. Erkläre die historische Frage. Beispielsweise: Fraglich ist in diesem Zusammenhang ... Ungeklärt ist die Frage ... Zu klären ist ...
3. Gibt es widersprüchliche Sichtweisen zur historischen Frage? Beispielsweise: Person X ist der Auffassung, dass ... Demgegenüber vertritt Person Y die Meinung, dass ... Person X hingegen meint ...,
4. Formuliere eine eigene Position oder Behauptung zur historischen Frage. Beispielsweise: *Meiner Ansicht/Meinung nach ist ...; Ich denke, dass ...; Ich vermute (weiterhin), dass ...*

**Unterstützender Absatz 1**

1. Stärkstes Argument (verwende ein Argument, das deine Position stützt), z. B.: *Ein deutlicher Anhaltspunkt hierfür ist ... Das zeigt sich klar bei ...*

2. Zitiere aus den Quellen und/oder Darstellungen. (Wähle Beispiele aus, die dein Argument unterstützen. Beachte dabei, von wem die Quelle/die Darstellung ist und woher sie kommt. Gib genau an, was du zitiert hast: „...“. Beispielsweise: *Quelle 3, Z. 4–6*

3. Erkläre dein Zitat. (Was ist damit gemeint? Wie unterstützt das dein Argument?) Beispielsweise: *Dieser Beleg zeigt eindeutig, dass ... Diese Aussage unterstützt meine Position, weil ...*

**Unterstützender Absatz 2**

1. Weiteres Argument, *z. B.: Ein weiteres Argument für meine Position ist ... Daneben ist anzumerken, dass ...*

2. Ggf. weiteres Zitat, ein anderer Beleg

**Widerlegender Absatz**

1. Stärkstes Argument, das gegen dein Argument spricht. Beispielsweise: *Gegen diese Argumentation lässt sich anbringen, dass ... Auf der anderen Seite ist ... zu beachten ...*

2. Zitat/Beleg

**Schlussfolgerung/historisches Urteil**

1. Vergleiche die von dir genannten Argumente und Belege und wäge sie gegeneinander ab. Beispielsweise: *In Anbetracht von ... Vergleicht man die Positionen ... Da Argument X deutlich zeigt ...*

2. Schreibe eine abschließende Antwort auf die historische Frage. Dabei können dir Wörter wie „vermutlich“, „wahrscheinlich“, „sicher“, „durchaus“, ... helfen. Beispielsweise: *Insgesamt komme ich zu dem Schluss, dass ... Dabei ist durchaus zu beachten ...*

**Abb. 11: Sprachliche Mittel und Zusatzmaterial ergänzt durch Matthias Sieberkrob.**

Aspekte für den Einbezug von Scaffolding in die Unterrichtsplanung sind zusammengefasst:

- eine prozessbegleitende sprachliche Lernstanddiagnose
- Planung vielfältiger Sprechaktivitäten mit einem reichlichen sprachlichen Input
- Einbau metasprachlicher und metakognitiver Phasen nicht nur in der Einstiegsphase des Unterrichts.

## „Leichte Sprache"

„Leichte Sprache" ist ein Konzept, bei dem durch eine Reduktion der sprachlichen Komplexität geschriebener Sprache deren Verständlichkeit erhöht werden soll. „Leichte Sprache" kann selbst ein „Scaffold" sein. Ursprünglich vor allem für Menschen mit geistiger Behinderung konzipiert, wurde der Adressatenkreises auch auf „mehrsprachig lebende Menschen, Menschen mit geringen Bildungsmöglichkeiten, Ältere und Menschen mit Migrationshintergrund" ausgeweitet (Alavi 2015). Seit einigen Jahren gibt es Regeln für „Leichte Sprache". Diese besagen, dass Satzstrukturen geschriebener Texte klar strukturiert sein und ohne Nebensätze auskommen sollen, Fremdwörter vermieden und zusammengesetzte Substantive durch einen Bindestrich getrennt werden sollen („Bus-Halte-Stelle"). Untersuchungen zeigen allerdings, dass die strikte Befolgung derartiger Regeln teils problematisch ist und mitunter ein Verstehen sogar erschweren können (Bock 2014). „Leichte Sprache" wird hier eher als Varietät des Deutschen verstanden, die vor allem solchen Regeln folgt, die sich die gerade mit ihr arbeitende Gruppe selbst gibt. Oder anders: Sprache ist dann „leicht", wenn sie von denjenigen verstanden wird, die adressiert sind.

„Leichte Sprache"

„Leichte Sprache" wurde mehrfach im Kontext von Geschichtsunterricht erprobt. Fokus war meist, dass Texte vereinfacht wurden, damit Schüler:innen mit Lernschwierigkeiten diese besser verstehen (Alavi 2015, 2016 und Alavi/Franz 2017). Im Folgenden soll eine andere Möglichkeit vorgestellt werden, wie „Leichte Sprache" für die Planung von inklusivem Geschichtsunterricht fruchtbar gemacht werden kann. Konkret geht es um das „Übersetzen" von Quellen (oder Sachtexten) in „Leichte Sprache" (zur Methode ausführlich Barsch 2019b; Barsch/Leinung 2019). Ziel ist, dass Gruppen im Rahmen des Übersetzungsprozesses Konsens über den Inhalt einer Quelle erzielen und gemeinsam die Fragen beantworten: Was steht in der Quelle? Wofür steht die Quelle im historischen Kontext? Welche Worte und Formulierungen sind historisch? Was lässt sich mit der Quelle überhaupt über die Vergangenheit aussagen?

Wie bewerten wir die Quelle aus heutiger Perspektive? Im Prozess des Übersetzens werden grundlegende geschichtstheoretische Fragen aufgeworfen. Die Schüler:innen können durch das Aushandeln einer gemeinsamen Übersetzung der Quelle in „Leichte Sprache" den Konstruktcharakter von Geschichte erkennen und erfahren, dass Geschichtsschreibung ein sozialer Prozess ist, welcher von gegenwärtigen Normvorstellungen und narrativen Strukturen ebenso beeinflusst ist wie von den Quellen selbst. Alternativ zur Quellenübersetzung kann auch das Verfassen eines Darstellungstextes gemeinsam mithilfe „Leichter Sprache" die Aushandlungsprozesse deutlich machen.

Gemeinsames Übersetzen

*Schritt 1: Das gemeinsame Übersetzen:* Die Lernenden werden in Kleingruppen von drei bis vier Schüler:innen aufgeteilt, die möglichst heterogen sind. Dadurch soll eine möglichst intensive und kontroverse Diskussion über den Inhalt der Textquelle initiiert werden. Jede Gruppe bekommt eine Quelle, die den gemeinsamen Inhalt aus einer spezifischen Perspektive zeigt. Die Gruppen erhalten nun den Auftrag, die Quelle so zu übersetzen, dass ihr Inhalt für alle in der Gruppe verständlich ist und Konsens über deren Inhalt hergestellt wird. Die Schüler:innen werden dafür sensibilisiert, die inhaltlichen Aussagen der Quelle nicht zu ändern, also keine Interpretationen oder Wertungen vorzunehmen. Für diese Bearbeitung, bei der die gemeinsame „Übersetzung" ein „Ringen" um Textbedeutung ist, bekommt jede Gruppe zusammen mit dem Arbeitsauftrag auch einen Ablaufplan (siehe unten).

*Schritt 2: Urteilsbildung:* Nachdem sich die einzelnen Gruppen den inhaltlichen Gehalt der Quellen durch die Übersetzung erarbeitet haben, sollen sie sich zu dieser aus gegenwärtiger Perspektive positionieren und die Aussage der Quelle beurteilen. Hier müssen die Gruppen nicht mehr zwangsläufig einen Konsens finden. Etwaige kontroverse Urteile ermöglichen vielmehr die Erkenntnis, dass Deutungen von Quellen (bei denen sichergestellt wurde, dass sie für alle verständlich sind) subjektiv sein können. Um die Urteilsbildung zu unterstützen, sollen die Lernenden Aspekte wie Textgattung,

Adressaten etc. berücksichtigen. Auch könnte die Gruppe reflektieren, ob sich durch die „Übersetzungen" Bedeutungen aufdecken lassen könnten, die hinter dem eigentlichen Text stehen: Wo mussten beispielsweise bei der Textgattung diplomatische, ideologische oder adressatengebundene Einschränkungen vorgenommen werden? Was sollte „eigentlich" gesagt werden? Wie kann das in „Leichter Sprache" geschrieben werden? Solche Reflexionen unterstützen die Lernenden bei der Beantwortung der Frage, ob die von ihnen übersetzte Quelle eine Aussage genereller Art über den Zeitraum ermöglicht, in der sie entstand. Die Schüler:innen werden somit bei der Anbahnung eines Triftigkeitsurteils unterstützt.

*Schritt 3: Zusammenführung:* Zum Abschluss der Einheit werden die Ergebnisse der verschiedenen Gruppen zusammengetragen. Die Texte können in verschiedenen Ecken des Klassenraums aufgehängt oder in eine chronologische Reihenfolge gebracht werden. In einem anschließenden Museumsgang stellen die Gruppen ihre Übersetzungen vor, verständigen sich darüber, ob diese auch für ihre Mitschüler:innen verständlich sind, und präsentieren ihre Beurteilungen. Bei der Präsentation dürfen kontroverse Deutungen ebenso Raum finden wie Schilderungen zu den Erfahrungen bei der Übersetzung (Welche Sätze waren besonders schwer? Welche Textteile konnten leicht übersetzt werden? Bei welchen Textstellen wurde besonders viel diskutiert?).

Im abschließenden Plenum wird die Ausgangsfrage erneut aufgegriffen. Anhand der nun intensiv bearbeiteten Quellen und deren Beurteilung wird der Versuch unternommen, hier zu einer neuen Einschätzung zu gelangen. Verschiedene Quellen aus verschiedenen Zeiten erlauben hierbei Reflexionen über Kontinuität und Wandel.

Es bietet sich auch an, mit den Lernenden ihre Erfahrung mit Übersetzungsarbeit zu reflektieren. Dabei kann leicht deutlich werden, dass das Ringen um Bedeutung, die Interpretation von Quellen, zum „Handwerkszeug" der Geschichtswissenschaft gehört. Der Konstruktcharakter von Geschichte wird somit unmittelbar nachvollziehbar, indem die Lernenden erfahren, dass die Interpretation von historischen Quellen immer auch die Perspektive derjenigen beinhaltet, die interpretieren.

Folgendes Material zeigt Möglichkeiten des Einsatzes im Unterricht (entnommen aus Barsch/Leinung 2019). Es handelt sich bei diesem Unterrichtsvorschlag um eine Möglichkeit, eine aktivierende Form der Quellenarbeit in den Unterricht einzubinden, bei der alle Lernenden unabhängig von ihren individuellen Fähigkeiten gemeinsam arbeiten können. Zu unterstützenden Zwecken kann auch ein Leitfaden für Leichte Sprache genutzt werden. Dieser soll jedoch nur eine Anregung sein und keinesfalls die tatsächlichen „Sprachspiele" der Lernenden einschränken. So muss nicht zwangsläufig jeder Satz einzeln gelesen werden. Es können auch Abschnitte erarbeitet oder der Übersetzungsprozess mit der Methode des reziproken Lesens (vgl. Kap. 4.2) kombiniert werden.

**Ablaufplan**

Übersetzt die Quelle so, dass sie für alle in der Gruppe verständlich ist. Die Aussagen der Sätze sollen nicht verändert werden. Geht nach diesem Schema vor:

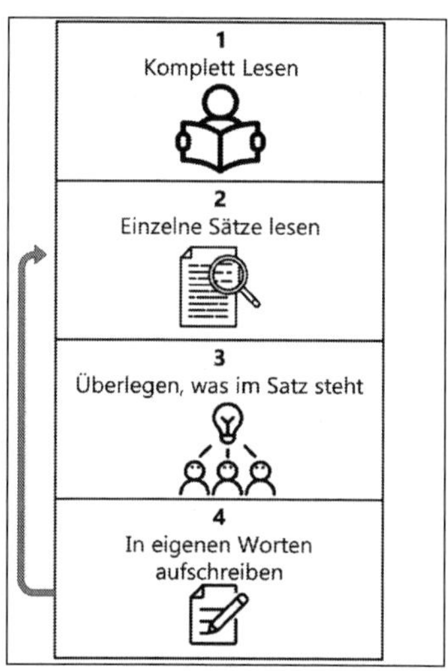


**Abb. 12: Arbeitsschritte Quellenübersetzung (aus Barsch/ Leinung 2019, 14).**

**Leitfaden „Leichte Sprache“**

Leitfaden „Leichte Sprache“

Viele Menschen verstehen schwere Sprache nicht.
Darum gibt es Leichte Sprache.
Aber Schreiben in Leichter Sprache ist oft ganz schön schwer.
Viele Menschen müssen erst lernen: Wie schreibt man in Leichter Sprache?
Darum hat das Netzwerk Leichte Sprache Regeln erstellt.
Zum Beispiel:

| ✓ | ⊗ |
|---|---|
| Benutzt einfache Wörter.<br>Erklärt schwere Wörter.<br>Benutzt Wörter, die etwas genau beschreiben.<br>Benutzt die gleichen Wörter für die gleichen Dinge.<br>Benutzt aktive Verben wie „ich fahre“.<br>Benutzt Ziffern wie „5“.<br>Benutzt kurze Wörter.<br>Benutzt bekannte Wörter.<br>Erklärt unbekannte Wörter.<br>Benutzt kurze Sätze.<br>Benutzt einen einfachen Satzbau. | Vermeidet Abkürzungen für Wörter.<br>Vermeidet Fremdwörter.<br>Vermeidet bildliche Sprache.<br>Vermeidet passive Verben wie „ich wurde gefahren“.<br>Vermeidet Zahlenwörter wie „fünf“.<br>Vermeidet Sonderzeichen. |

**Tab. 18: Leitfaden Leichte Sprache (aus Barsch/ Leinung 2019, 15).**

**Ergebnissicherung**

Übertragt eure gemeinsame Übersetzung in das obere Feld. Beurteilt die Aussage der Quelle. Notiert eure Urteile in Stichwörtern. Ihr müsst euch nicht einig sein. Alle begründeten Urteile sind gleichwertig.

| Was steht in der Quelle? |
|---|
| So beurteilen wir den Inhalt: |

**Tab. 19: Beurteilung des Quelleninhalts.**

## 4.5 Ästhetische Zugänge zum historischen Lernen

Ästhetische und sinnliche Lernzugänge

Geschichtsunterricht ist oft auf kognitives Lernen ausgerichtet. Es gibt jedoch gute Gründe, auch ästhetische und sinnliche Komponenten bei der Unterrichtsplanung zu berücksichtigen. Zum einen gilt dies vor dem Hintergrund des viel beschworenen „Lernens mit allen Sinnen“, welches sich lernpsychologisch durchaus als wirksam herausgestellt hat (etwa Minogue/Jones 2006). Gleichzeitig lässt sich ein solcher Zugriff auch geschichtswissenschaftlich legitimieren, insofern die Hinwendung etwa zu Objekten ebenso „boomt“ wie die Frage, wie die Vergangenheit akustisch rekonstruiert werden könnte, wie sie gerochen oder geschmeckt haben könnte (dazu ausführlich Barsch/Kühberger 2020 und Degner/Franz 2020). Auch unabhängig von Inklusion ist die Frage nach Ästhetik im historischen Lernen somit bedeutend. Lars Deile etwa spricht davon, dass Schüler:innen sich der Vergangenheit immer auch ästhetisch annähern. Es sei daher notwendig, diese Vorstellungen bei der Entwicklung von Lernszenarios aufzugreifen (2016). Grundlegend können folgende Leitfragen für die Unterrichtsplanung herangezogen werden:

- *Kann ich haptische Momente einplanen?* Hierunter fallen nicht nur Sachquellen (Objekte, Gebäude). Auch ungewöhnliche Objekte können im Unterricht genutzt werden, um Darstellung zu de-konstruieren oder Vorstellungen über die Vergangenheit auszudrücken (Spielzeug, Miniaturen),
- *Kann ich olfaktorische Momente integrieren?* Es lässt sich nicht erschließen, wie Geschichte gerochen oder geschmeckt hat. Gleichwohl finden sich auch in Textquellen zahlreiche Bezüge zu Gerüchen (etwa über exotisches Essen in Reisebeschreibungen). Dabei geht es nicht darum, naive Vorstellungen von der Vergangenheit aufzubauen (wir backen mittelalterliches Brot und können so nacherleben, welchen Geschmacksrichtungen die Menschen im Mittelalter ausgesetzt waren). Vielmehr geht es darum, von eigenen Vorstellungen zu abstrahieren um über die Vergangenheit zu reflektieren.

- *Kann ich akustische Momente integrieren?* Wie kann die Vergangenheit geklungen haben? Warum haben sich bestimmte Audios in das kollektive Gedächtnis eingegraben („Wir sind ein Volk")? Solche Fragen können die Lernenden einerseits darin unterstützen, über den Rekonstruktionscharakter von Geschichte zu reflektieren. Anderseits besteht hier auch eine Möglichkeit, eigene Vorstellungen mit historischen Phänomenen abzugleichen.
- *Kann ich visuelle Momente integrieren?* Hierunter fallen einerseits eher analytische Zugänge zur Interpretation von Bildquellen (Sauer 2016). Darüber hinaus kann auch hier ein stärkerer Fokus auf ästhetische Komponenten für einen Abgleich mit eigenen Bildvorstellungen genutzt werden. Zudem können Bilder (etwa über das Malen von Bildern) zu diagnostischen Zwecken (siehe oben) herangezogen werden oder als Lernanlass zu geschichtstheoretischen Fragestellungen („Woher kommen meine Vorstellungen über die Vergangenheit?") dienen.

## 4.6 Barrierefreiheit

Barrierefreiheit

Nur kurz angerissen werden hier allgemeine Überlegungen zur Herstellung von Barrierefreiheit, denn hier zeigen sich weniger fachspezifische Fragen als allgemeinpädagogische (dazu IQSH 2012). Die Herstellung von Barrierefreiheit gelingt somit auch besser in multiprofessionellen Teams. „Barrieren" zeigen sich einerseits bei der Mobilität, wenn z.B. „für einen Rollstuhlfahrer bei der Überquerung einer Straße die zu hohe Bordsteinkante die entscheidende Barriere darstellt" (Leidner 2007, 30). Es gibt im Unterricht zahlreiche Barrieren, demnach auch im Geschichtsunterricht im Speziellen (dazu ausführlich Barsch/Lücke 2020):

- Blinde oder sehbeeinträchtigte Schüler:innen könnten etwa Text- oder Bildquellen nicht ohne Hilfsmittel erfassen.
- Schüler:innen mit einer Diparese der Arme könnten eine Schreibaufgabe nicht ohne Weiteres bearbeiten, es sei denn, sie verfügten über die Fähigkeit, mit den Füßen zu schreiben (was oft vorkommt).
- Kinder mit einem nichtreligiösen Hintergrund können

möglicherweise die Kernaussage von Quellen mit religiösem Kontext nicht erfassen.
- Kinder, deren Lesefähigkeiten eingeschränkt sind, könnten einer Textquelle keinen Sinn entnehmen. Die Barriere wäre hier also die Struktur der Narration.
- Kinder, deren Erstsprache nicht Deutsch ist, hätten ggf. Probleme, Fachbegriffe zu verstehen.
- ...

Die bereits oben angesprochene Funktion der Sprache für das historische Lernen wird zunehmend erforscht und in Praxisansätze überführt. Im Kontext von Inklusion wurden bislang vor allem Ansätze der „Leichten Sprache" eingesetzt, um Barrierefreiheit herzustellen. Insofern Gebärdensprachen Vollsprachen sind, könnten auch Ansätze aus dem bilingualen Geschichtsunterricht (die zwei Sprachen wären Laut- und Gebärdensprache) für den inklusiven Unterricht fruchtbar gemacht werden. Hier gibt es allerdings erst erste theoretische Überlegungen (Barsch 2018b). Weitere Möglichkeiten sind der ebenfalls bereits erwähnte Einsatz von Talkern, Bildkarten und diverse Formen der Unterstützten Kommunikation (Köhnen/Roos 2002).

Blinde Schüler:innen oder solche mit starken Sehbeeinträchtigungen inklusive motorischer Sehbehinderungen wie Nystagmus können mittlerweile auf eine Vielzahl technischer Geräte zurückgreifen, um Text in eine für sie nutzbare Form umzuwandeln. Für sehbeeinträchtigte Schüler:innen genügen natürlich auch einfache Mittel wie eine Vergrößerung der Schrift, kontrastreiche Darstellungen oder die Anwendung von Lupen. Quellen können vorgelesen oder aufgenommen werden. Werden sie elektronisch bereitgestellt, kann eine Screenreadersoftware diese Aufgabe übernehmen. Vielversprechend (für verschiedene Lerngruppen) sind zudem digitale adaptive Lernsysteme, die Individualisierung durch Zusatzaufgaben, multimediale Gestaltung und Anpassungsfähigkeit bei Kontrast, Textgrößen etc. vorweisen (Schwabe 2020).

Ähnlich verhält es sich mit der Braillezeile. Hier werden Zeichen in Braille übersetzt und auf einem haptisch erfassbaren Ausgabegerät ausgegeben. Allerdings ist die Fähigkeit, Braille zu lesen, auch unter blinden oder sehbeeinträchtigten Menschen nicht weit verbreitet. Die Umgestaltung von Bildquellen im Sinne der Barrierefreiheit indes dürfte sich als schwierig herausstellen.

Kinder und Jugendliche mit (starken) körperlichen Einschränkungen – z.B. einer Lähmung oder Bewegungseinschränkung der Arme – können ebenso auf viele technisch ausgereifte Hilfsmittel zurückgreifen. Es gibt zahlreiche Systeme, mit denen Schreibaufgaben durchgeführt werden können, ohne dass eine Bewegungsfähigkeit der Arme notwendig ist. Dazu zählen Software, die Sprache in geschriebene Worte übersetzt, vergrößerte Tastaturen, solche mit einem spürbaren Rahmen um jeden Buchstaben und viele weitere Dinge, z.B. Computersysteme, die sich über Augenbewegungen steuern lassen.

Barrierefreiheit herzustellen ist keine spezifische Anforderung des Geschichtsunterrichts. Vielmehr gilt es, dies bei der Planung inklusiven Unterrichts generell zu berücksichtigen. Eingebettet in ein Universal Design of Learning (siehe oben 4.4) kann unter Barrierefreiheit auch verstanden werden, dass nicht einzelnen Schüler:innen spezielle Angebote unterbreitet werden, sondern allen Lernenden einer Gruppe eine Vielzahl von Zugangsmöglichkeiten bereitgestellt wird.

# 5. Fünf Planungsschritte zu inklusivem Unterricht

Planungsschritte

Grundlegend unterscheidet sich die Planung inklusiven Geschichtsunterrichts nicht von der „regulären“ Unterrichts (Oswalt 2016). Jedoch bedarf die Planung für inklusive Settings eines verstärkt subjektorientierten Zugangs. Dabei sollten die individuellen Lernansprüche der einzelnen Schüler:innen berücksichtigt werden, ebenso wie die Schaffung von darauf bezogenen individuellen Lernangelegenheiten. Im inklusiven Geschichtsunterricht rücken die einzelnen Lernenden mit ihren subjektiven Fragestellungen, Vorstellungen und Urteilen stärker in den Mittelpunkt. Als eine der größten Herausforderungen für den inklusiven Unterricht werden die unterschiedlichen „Sprachen“ betrachtet, in denen miteinander über die Unterrichtsinhalte verhandelt wird. Während für die meisten Schüler:innen (und auch Lehrkräfte) hier wohl schriftsprachliches Handeln dominiert, muss für den inklusiven Unterricht der Fokus auf Verbalsprache oder andere Formen der Kommunikation (etwa über Bilder) gelegt werden (Smith 2010, 66). Smith sieht folgende Grundregeln für die Überwindung von Lernbarrieren insbesondere für Schüler:innen mit sonderpädagogischem Förderbedarf (ebd., 68):

- Es sollte Wissen über das „Zeiterleben“ der Lernenden aufgebaut werden, indem ihre Alltagsabläufe, Routinen und „chronologischen Muster“ thematisiert werden. Dazu zählen auf einer basalen Ebene auch Dinge wie Tageszeiten, Wochenfolgen, Monate etc.
- Es sollte Verständnis für die persönlichen Geschichten der Lernenden entwickelt und dies mit ihrem Verständnis von Ereignissen in der Welt verknüpft werden.
- Das Wissen und Verständnis dafür, wie Menschen in anderen Zeiten gelebt haben, sollte durch verschiedenste Repräsentationen der Vergangenheit aufgebaut werden.

- Vielfältige Quellen und Darstellungen sollen den Schüler:innen dabei helfen, Geschichten plausibel zu beurteilen.

Darauf aufbauend können für die Planung inklusiven Geschichtsunterrichts folgende fünf Leitgedanken oder Schritte Orientierung bieten:

1. *Diagnostiziere die Lernausgangslage der Schüler:innen:* Egal ob inklusiv oder nicht, jede Schülerin, jeder Schüler ist anders. Dies betrifft sowohl Vorkenntnisse und bereits erworbene Kompetenzen als auch Interessen, Motivation und Lernwege. Für einen erfolgreichen Unterricht ist es daher unerlässlich, die Lernenden mit ihren subjektiven Zugängen zur Geschichte bzw. zum Thema des Unterrichts zu diagnostizieren. Leitfragen können sein:
   - Welche historischen Kompetenzen sind bereits vorhanden?
   - Welches historische Wissen ist vorhanden?
   - Wo liegen die Stärken der jeweiligen Lernenden?
   - Welche Ziele sollen durch den Unterricht erreicht werden?
   - Welche Unterstützungsmaßnahmen können beim Erreichen der Ziele helfen?
2. *Baue Phasen einer begleitenden Diagnostik in den Unterricht ein. Dokumentiere die Lernfortschritte der Schüler:innen:* Lernprozesse verlaufen oft überraschend. Es gilt daher, offen für Abwandlungen der eigenen Unterrichtsplanung zu sein, wenn sich herausstellt, dass der ursprüngliche Plan nicht den erwünschten Erfolg bringt. Diagnostische Elemente sollten also nicht nur zu Beginn und Ende einer Unterrichtseinheit eingesetzt werden, sondern prozessbegleitend. Die begleitende Diagnostik dient damit gleichsam der Dokumentation der Lernfortschritte. Die Unterrichtsplanung begleitende Leitfragen könnten sein:
   - Welche Phasen im Unterricht sind geeignet, um Lernprozesse diagnostisch zu begleiten?
   - Wie kann der Lernprozess möglichst objektiv erfasst werden?

- Welche unterschiedlichen Produkte (Lerntagebücher, Portfolios, Kompetenzraster) erlauben eine Lernstandsdokumentation für die Lernenden? Für welche/n Schüler:in ist welches Produkt geeignet?
- Wie kann ich Transparenz bezüglich der erreichten und der zu erreichenden Ziele gegenüber den Lernenden, aber auch Kolleg:innen herstellen?

3. *Binde die Lernenden in die Zielformulierung ein:* Damit Lernprozesse erfolgreich gestaltet werden können, bedarf es der Transparenz hinsichtlich der Ziele auch den Lernenden gegenüber. Dies gilt gerade auch in inklusiven Settings und der damit meist einhergehenden zieldifferenten Unterrichtsplanung. Hierbei geht es auch um das Selbstwirksamkeitserleben der Schüler:innen, die durch eine Beteiligung bei der Zielformulierung in die Lage versetzt werden, das Erreichen der eigenen Ziele zu überprüfen. Zielformulierungen sollten somit kleinschrittig und für die Lernenden nachvollziehbar sein. Werkzeuge können sein:
   - individuelle Entwicklungspläne
   - Kompetenzraster
   - Zielvereinbarungen

   Gestalte eine Unterrichtseinheit, die möglichst offen ist, um alle Ziele auf mehreren Wegen erreichbar zu machen: Es gibt nicht den einen Weg erfolgreichen inklusiven Geschichtsunterrichts. Was sich allerdings generell als Erfolg versprechend für Unterricht in heterogenen Gruppen herausgestellt hat, ist ein offener Unterricht, der vielfältige Lernangebote bereitstellt. Die lange Zeit praktizierte Bereitstellung von Unterrichtsmaterialien in verschiedenen Niveaustufen (etwa Texte in drei verschiedenen Schwierigkeitsgraden) verhindert jedoch oft Lernen, denn hier wird seitens der Lehrpersonen ein festes Repertoire an Materialien für bestimmte Lernende bereitgestellt, die dann aber meist auch auf dieses festgelegt sind. Oder anders: Eine Differenzierung über Aufgaben hindert Schüler:innen, all ihre Fähigkeiten zu zeigen (Smith 2010, 72). Pragmatischer ist die Bereitstellung von Unterrichtsmaterialien, die verschiedene Lernzugänge abdecken und dabei den jeweiligen Lernenden die Entscheidung überlassen, wie sie das Material nutzen, um ihre eigenen Ziele zu erreichen. Inklusiver Geschichtsunterricht profitiert dabei von projektförmigen Ansätzen. Gleichzeitig gilt es, Übungsphasen, Redundanzschleifen und weitere Angebote zu integrieren, um Lerninhalte zu sichern. Leitfragen für die konkrete Planung der einzelnen Unterrichtseinheiten können sein:

Übungsphasen integrieren

- Wie können die Fragen der Schüler:innen zu historischen Problemen ein Ausgangspunkt von Lernen werden?
- Welcher gemeinsame Gegenstand/welches Basiskonzept kann für den Unterricht benannt werden?
- Wie können auch ästhetische Zugriffe in den Unterricht eingebaut werden?
- Welche Hilfsmaßnahmen brauche ich, um den Schüler:innen Urteile zu ermöglichen und sie zum historischen Erzählen zu befähigen?
  - Welche sprachliche Unterstützung durch Scaffolding und/oder Leichte Sprache kann im Unterricht eingebaut werden?
  - Wie können Lernmaterialien so universell gestaltet werden, dass sie „Rampen“ für historisches Lernen werden?
  - Wie können Lernmaterialien ausgewählt werden, die zum Erzählen anregen?
  - Wie können Übungsphasen in den Unterricht integriert werden?

4. *Reflektiere die Lernergebnisse mit den Schüler:innen nicht nur inhaltlich, sondern auch hinsichtlich ihrer Lernstrategien und Erfolge:* Die Beteiligung der Lernenden an der Zielformulierung verlangt auch deren Einbezug bei der Lernzielkontrolle am Ende der Unterrichtseinheit. Die Lernenden reflektieren dabei gleichsam ihre eigenen Lernstrategien und analysieren, ob ihre eigenen Fragen an das Unterrichtsthema beantwortet werden konnten. Leitfragen für die Gestaltung dieser Phase können sein:
   - Wie können die Dokumentationen aus Schritt 2 und 3 aufgegriffen werden?

- Wie könnte das Erreichte realistisch gewürdigt werden?
- Wie können Ziele für die Zukunft formuliert werden?

Die hier genannten Schritte bauen aufeinander auf, bedienen sich jedoch teilweise derselben Werkzeuge. Diagnostische Verfahren können den Lernprozess sowohl begleiten als auch dokumentieren (etwa durch mehrmalige Einschätzungen in Kompetenzrastern). Die Auswahl der Unterrichtsmaterialien hängt von den diagnostizierten Bedarfen ab. Wenn etwa Schüler:innen zum Thema „Mittelalter" in der Phase der Ausgangsdiagnostik Vorstellungen äußern, die stark von der Geschichtskultur geprägt sind (rosa Prinzessinnen), sollten ihnen Materialien (Text- und Bildquellen, Darstellungstexte, Lernvideos) bereitgestellt werden, welche diesen Vorstellungen wissenschaftsorientierte Perspektiven gegenüberstellen. Wenn Lernende (derselben Gruppe) keine Kenntnis darüber haben, was das Mittelalter (oder generell eine Epoche) überhaupt ist, bedarf es hier der Begriffsarbeit usw.

Zielkreislauf des Lernens

Für die konkrete Unterrichtsplanung kann zudem der von Dechow, Reents und Tews-Vogler (2013, 98) entwickelte „Zielkreislauf des Lernens" nützlich sein, um sich der oben genannten Schritte im Unterrichtsverlauf gewahr zu werden:

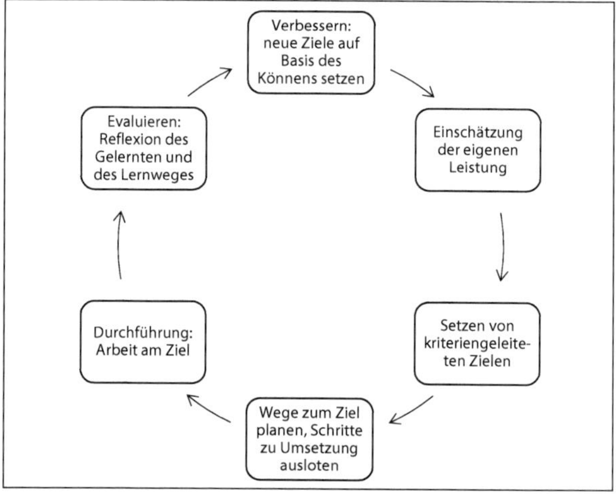


**Abb. 13: Zielkreislauf des Lernens (nach: Dechow/Reents/Tews-Vogler 2013, 98).**

# 6. Exemplarische Unterrichtsidee

Das vorliegende Unterrichtsbeispiel ersetzt nicht die eigenständige Planung einer Einheit. Vielmehr sollen hier exemplarisch einige zuvor aufgegriffene Prinzipien verdeutlicht werden, die etwa im Rahmen eines projektförmigen Unterrichts „Ausgrenzung früher und heute" realisiert werden könnten. Der gemeinsame Gegenstand/das Basiskonzept wäre „Vielfalt" oder konkreter eben „Ausgrenzung". Die dem Unterricht zugrunde liegenden Perspektiven wären Fragen nach historischen Wurzeln gegenwärtiger rassistischer und antisemitischer Tendenzen, Ausgrenzung und Benachteiligungen.

Exemplarische Unterrichtsidee

Hier vorgestellt wird der Ansatz, einerseits Material im Sinne des Universal Design of Learning bereitzustellen (zum methodischen Vorgehen ausführlich Kühberger/Barsch 2020). Ebenso sollen die oben vorgestellten Prinzipien kooperativen Lernens angerissen werden. Verschiedene Scaffolds sollen zeigen, wie sprachliche Mittel Unterrichtsmaterial ergänzen können. Die eingangs genannten fünf Planungsschritte zur Gestaltung inklusiven Unterrichts bilden den Rahmen dieser Unterrichtsskizze.

## 6.1 Erster Schritt: Lernausgangslage diagnostizieren

1. Diagnostizieren

Lernende bringen zu verschiedenen historischen Phänomenen bereits Alltagsvorstellungen mit. Im Unterricht sollen diese aufgegriffen und Ausgangspunkt für die Unterrichtsplanung werden: Schüler:innen sollen durch die Analyse sowohl von Quellen als auch Darstellungen die Standortgebundenheit historischen Wissens erfahren, sich mit der Bedingtheit der Gegenwart in der Vergangenheit auseinandersetzen und ihre eigenen Vorstellungen reflektieren. Dabei bietet es sich an, neben vielfältigen Quellen und Darstellungen auch geschichtskulturelle Produkte (Comics, Apps, Filme, Spielzeug) in den Unterricht zu integrieren, denn anhand dieser kann reflektiert werden, wie sich „Wissen" über die Vergangenheit auf verschiedene Art manifestiert.

Beim hier vorgestellten Beispiel wird die historische Genese gegenwärtiger gesellschaftlicher Vorstellungen ins Zentrum des historischen Lernens gerückt.

Insofern die Unterrichtsdramaturgie stark die individuellen Lernwege der Lernenden berücksichtigt, wird eine größere Offenheit der Arbeitsphase nötig sein, um die Fragen der Schüler:innen sowie ihre Aneignungsweisen aufgreifen zu können. In der Einführung der Einheit sollten zunächst die Vorstellungen über den Gegenstand erfasst und gebündelt werden („*Was verstehst du unter Ausgrenzung?*", sprachlich anpassbar an die jeweilige Lerngruppe). Dies kann in Form von Mindmaps, kurzen Texten, Audioaufnahmen (für Schüler:innen, die Schwierigkeiten mit dem Schreiben haben), einfachen Listen oder auch Bildern erfolgen. Da es hier um das Erfassen der subjektiven Vorstellungen geht, sollte es den Lernenden ermöglicht werden, den für sie besten Weg zu wählen, die eigenen Vorstellungen und Kenntnisse darzustellen. Diese Phase beinhaltet ein diagnostisches Moment, wodurch weitere Informationen gewonnen werden können, welches Material den Schüler:innen später zur Verfügung gestellt werden kann. Wenn einzelne Lernende äußern, dass sie keine Vorstellung zu der Frage haben, können ihnen etwa grundlegende Informationen bereitgestellt werden, um den Begriff inhaltlich zu füllen. Je nach Lerngruppe bzw. Schüler:in kann schon in dieser Phase die Bereitstellung verschiedener Quellen und Darstellungen unterstützend sein, gleichwohl hier natürlich eine bestimmte Deutung bereits vorgegeben wird.

| Was verstehst du unter Ausgrenzung? | |
|---|---|
| Welche Darstellung kommt deiner Vorstellung am nächsten? Kreuze an. | × |
|  Boykott jüdische Geschäfte in Hamburg, 1.4.1933 | ☐ |
|  National Civil Rights Museum | ☐ |
| „Unter Ausgrenzung wird verstanden, dass Menschen oder Gruppen von Menschen von bestimmten gesellschaftlichen Dingen ausgeschlossen werden. Meist geschieht das gegen den Willen der Ausgeschlossenen. Ausgrenzung findet z. B. dann statt, wenn bestimmte Gruppen (Frauen, nicht-weiße Menschen oder Menschen mit Behinderungen) nicht in Vereine eintreten dürfen oder ..."<br><br>(Beispiel für einen Sachtext) | ☐ |
| Was würdest du noch ergänzen?<br><br>Schreibe auf, zeichne oder spreche ein. |  |

**Tab. 20: Arbeitsblatt zur Diagnose der Lernausgangslage.**

## 6.2 Zweiter Schritt: Dokumentation des Vorgehens und der Lernfortschritte

2. Dokumentieren

Den Lernenden sollte Gelegenheit gegeben werden, unter Anleitung und Bereitstellung von umfassendem Material zum Thema für sie interessante Fragen über „Ausgrenzung früher und heute" zu formulieren. Dieser Schritt (nicht zu trennen von Schritt 3, siehe unten) ist somit ein erstes Eintauchen in das Thema. Die Lernenden erhalten vielfältiges durch die Lehrperson bereitgestelltes Material, um eigene Fragen und Interessen zu entwickeln. Auch werden sie unterstützt, eigene Recherchen in Büchern und im Internet durchzuführen. Ziel ist die Formulierung von Fragen (z.B. „Warum werden Menschen mit dunkler Hautfarbe oft ausgegrenzt?") bzw. Interessen (etwa „Wie rassistisch war der deutsche Kolonialismus?"). Der Lehrkraft kommt die Aufgabe zu, Gruppen zu bilden, die jeweils ähnlichen Fragestellungen nachgehen. In dieser Phase soll auch das Vorgehen geplant und Rollen entsprechend den individuellen Fähigkeiten verteilt werden. Auch werden hier schon die individuellen und gruppenspezifischen Ziele festgelegt, sodass der Übergang zum dritten Schritt fließend ist.

## 6.3 Dritter Schritt: Aufgaben und Ziele

3. Aufgaben und Ziele festhalten

Die Fragen und das Vorgehen werden schriftlich etwa in Lerntagebüchern festgehalten, die einzelnen Lernenden reflektieren ihr Wissen in Kompetenzrastern, die wiederum Bestandteil des Tagebuchs sein können. Für manche Schüler:innen können zudem Selbsteinschätzungsbögen mit klarer Strukturierung Orientierung bieten. Der Bogen (zusammen mit anderen Formen der Dokumentation) begleitet den Arbeitsprozess, je nach Phase werden die verschiedenen Bereiche ausgefüllt.

| Mein Selbsteinschätzungsbogen | | | |
|---|---|---|---|
| Ich kann erklären, was Ausgrenzung ist. | | So überprüfe ich, ob meine Erklärung richtig ist. Besonders hilfreich finde ich dafür: | |
| sehr sicher | ☐ | Bücher | ☐ |
| sicher | ☐ | Internet | ☐ |
| unsicher | ☐ | Bildquellen | ☐ |
| sehr unsicher | ☐ | Textquellen | ☐ |
| | | ____________ | ☐ |
| **So gehe ich vor, um mein Wissen zu prüfen:**<br>1. ____________<br>2. ____________<br>3. ____________<br>4. ____________<br>5. ____________ | | | ☐<br>☐<br>☐ |
| **Hast du Neues über Ausgrenzung durch Quellen und Darstellungen gelernt? Kreuze an.** | | | |
| ☐ sehr viel | ☐ ein bisschen | ☐ nicht sehr viel | ☐ gar nichts |

**Tab. 21: Selbsteinschätzungs- und Planungsbogen.**

Nachdem die Ziele formuliert, dokumentiert und das geplante Vorgehen besprochen wurde, können durch die Lehrkraft verschiedene Niveaustufen für die verschiedenen Schüler:innen definiert werden, um so den Arbeitsprozess durch Bereitstellung von Material und Aufgaben zu unterstützen. Hier können Leistungscluster gebildet werden, möglicherweise kann aber für einzelne Schüler:innen auch ein individueller Entwicklungsplan größere Orientierung bieten. Gemäß dem Prinzip, dass mehrere Lernwege möglich sein können, soll die Einteilung in Niveaustufen Lernende nicht davon abhalten, sich auch mit Materialien für andere Cluster zu befassen oder deren Ziele anzuvisieren. Die Zielformulierung hat vor allem eine antizipierende Funktion, um den Lernprozess zu initiieren. Der Lehrkraft kommt hier eine steuernde und beratende Funktion zu. Offenheit sollte auch dahingehend bestehen, dass die Schüler:innen durchaus Wünsche für Materialien und Medien äußern dürfen, die nicht vorhanden sind (Tab. 22).

## 6.4 Vierter Schritt: Unterricht gestalten, der möglichst offen ist und vielfältige Wege eröffnet

4. Individuelle Lernwege eröffnen

Die eigenen Vorstellungen und Zielformulierungen werden zum Ausgangspunkt für Erkundungen im Unterricht gemacht. Die Lernenden sollen darüber hinaus mit verschiedenen Repräsentationen konfrontiert werden, anhand derer sie ihre Vorstellungen abgleichen können (Prinzip 1 des UDL). Dies können haptische, visuelle und textuelle sein. Problemlos lassen sich weitere ergänzen (Videos, Bilder etc.).

Den Lernenden sollte die Möglichkeit eingeräumt werden, zwischen verschiedenen Bearbeitungsmöglichkeiten auszuwählen (schreiben, zeichnen, sprechen bzw. aufnehmen etc.). Die Schüler:innen brauchen zudem genug Zeit, um die haptischen, visuellen und textlichen Erkundungen intensiv betreiben zu können. Dabei sollte die Lehrperson offen sein- und Schüler:innen nicht zum Gebrauch einer bestimmten Methode drängen (Prinzip 3). Es gilt, fachliches Lernen auf unterschiedlichen Niveaustufen zu ermöglichen, ohne expli zit einzelnen Schüler:innen spezielle Niveaustufen zuzuord-

| | Gemeinsamer Forscherauftrag: Gab es Rassismus in der (europäischen) Gesellschaft zur Zeit des Kolonialismus? | | | |
|---|---|---|---|---|
| | **Niveaustufe** | **Ziele** | **Spezifische Unterstützungsmaßnahmen** | |
| | **Erweiterungsstufe II** | Beurteilung der Authentizität von Quellen; Beurteilung der Standortgebundenheit sowohl bei Quellen als auch Darstellungen; Reflexion über eigene Standortgebundenheit; Formulierung von Sach- und Werturteil; gesellschaftspolitische Einordnung der Ergebnisse | Selbsteinschätzungsbogen; Essayplan; „weiße Blätter" | • Textquellen<br>• Bildquellen<br>• Rekonstruktionszeichnungen<br>• Karikaturen<br>• Sachtexte<br>• Schulbücher<br>• Videos<br>• Essayplan; Audiorekorder etc. für Ergebnissicherung<br>• AB: „Rassismus im Imperialismus"<br>• AB „Rassismus in Quellen"<br>• Zeitleiste<br>• AB „Das verstehe ich unter Rassismus" |
| Zentrales Niveau | **Erweiterungsstufe I** | Erkennen der Standortgebundenheit sowohl bei Quellen als auch Darstellungen; Abgleich mit den eigenen Vorstellungen und gesellschaftlichen Wertvorstellungen | Selbsteinschätzungsbogen; Essayplan | |
| Zentrales Niveau | **Basisstufe** | Überprüfung der eigenen Vorstellungen; Erkennen von Kontinuität und Wandel bei Rassismen; Reflexion der gesellschaftlichen Relevanz/Gegenwartsbezug; Formulierung eines Urteils | Selbsteinschätzungsbogen; verschiedene Quellen und Darstellungen; AB: „Rassismus im Imperialismus"; Essayplan | |
| Zentrales Niveau | **Unterstützungsstufe I** | Reflexion der eigenen Vorstellungen; Abgleich mit gegenwärtigen Darstellungen und zeitgenössischen Quellen; Orientierung in der Zeit | Selbsteinschätzungsbogen; AB „Rassismus in Quellen"; Video „Rassismus heute"; Zeitleiste | |
| | **Unterstützungsstufe II** | Äußern der eigenen Vorstellungen über Rassismus; oder: Äußern der eigenen Vorstellungen zum Kolonialismus; Abgleich der eigenen Vorstellungen mit denen anderer | Selbsteinschätzungsbogen; AB: „Das verstehe ich unter Rassismus" à Begriffsarbeit; Think-Pair-Share | |

**Tab. 22: Beispiel Kompetenzraster.**

nen. Die Lernenden können die dargebotenen Informationen möglichst frei erkunden und bewerten. Gleichwohl sollte die Gruppe immer wieder zur Reflexion darüber angeleitet werden, welche Rollen sie innerhalb ihrer Gruppe verteilt haben, um stets das gemeinsame Ziel vor Augen zu haben. Hier bedarf es in der Regel der Unterstützung durch die Lehrkraft.

Zur Unterstützung ihres Arbeitsprozesses können verschiedene weiterführende Materialien bereitgestellt werden, etwa Selbsteinschätzungsbögen oder Karteikästen als Hilfestellung („Gattungskartei") (Kühberger/Windischbauer 2012, 66–69). Es gilt, vielfältige Handlungsmöglichkeiten mit verschiedenen Sozialformen zu schaffen (Prinzip 2 des UDL). Auch hier sollte den Lernenden möglichst viel Freiheit eingeräumt werden. Ihnen sollte ein Pool an Musterlösungen, Reflexionsaufgaben, Internetseiten etc. zur Verfügung gestellt werden, damit sie ihren Fragen nachgehen können. Ebenso sollten den Lernenden Blätter zur Wortschatzarbeit zur Verfügung gestellt werden. Gemeinsame Übersetzungen von Sachtexten, Quellen oder Auszügen aus wissenschaftlichen Texten in Leichter Sprache (siehe Kapitel „Leichte Sprache") können genutzt werden, um Textverstehen zu fördern. Ebenso kann das Helfersystem (Kapitel 4.2) genutzt werden, um Zwischenergebnisse festzuhalten und schnelleren Lerner:innen eine Aufgabe zu übertragen.

| **Begriffe zum Thema „Rassismus"** | |
|---|---|
| Erkläre die Begriffe aus dem Sachtext. Du kannst deine Erklärungen aufschreiben, aufnehmen oder zeichnen. | |
| **Ausgrenzung** | |
| **„Rasse"** | |
| **Kolonialismus** | |
| **Diskriminierung** | |
| ... | |

**Tab. 23: Beispiel Wortschatzarbeit.**

## 6.5 Fünfter Schritt: Präsentation und Reflexion der Ergebnisse und des Arbeitsprozesses

Die Präsentation der Ergebnisse hat einen hohen Stellenwert. Auch hier ist es den Lernenden überlassen, aus zahlreichen Möglichkeiten auszuwählen. Eine Möglichkeit für schreibende Schüler:innen ist die Nutzung eines Essayplans in Anlehnung an Mierwald und Brauch (2015, 116) (Abb. 14). 5. Reflexion

Weitere Möglichkeiten der Ergebnissicherung sind Protokolle (auch in Form von Fotoprotokollen), Plakate, Audioaufnahmen, Zeichnungen etc. In der Präsentationsphase werden die verschiedenen Darstellungen vom Beginn des Unterrichts wieder aufgegriffen und mit den Ergebnissen abgeglichen.

In dieser abschließenden Reflexionsphase können (und sollten) sowohl individuelle Lernwege als auch gruppenspezifisches Vorgehen beurteilt werden. Neben den individuellen Lernwegen werden somit auch Gelingensbedingungen oder kritische Faktoren der Gruppenarbeit analysiert. Auch sollte hier mit den Schüler:innen diskutiert werden, ob die Rollen, die zu Beginn verteilt wurden, förderlich für den Arbeitsprozess waren. Die anfangs ausgefüllten Selbsteinschätzungsbögen können erneut überprüft werden.

Wichtig ist, dass die Ergebnisse der verschiedenen Gruppen zusammengetragen werden, sodass eine umfassende Antwort auf die Ausgangsfrage etwa in Form einer Ausstellung erzielt wird.

**Wie rassistisch war die Gesellschaft zur Zeit des deutschen Kolonialismus?**
Schreibe einen Text. Orientiere dich an der Gliederung und den Leitfragen.

**Einleitung**

- Welche Vorstellungen hatte ich selbst über Rassismus? Was wusste ich bereits?
- Mit welchen Quellen und Darstellungen habe ich mich befasst (Texte, Karikaturen, Videos, Fotos)?
- Wie habe ich die Materialien beurteilt?
- Wie habe ich meinen Lernweg geplant?

Formulierungshilfen: „Rassismus stellte ich mir so vor: ...“; „Das Material, mit dem ich mich beschäftigt habe, ist ...“; „Ich fand, dass ...“; „Zuerst habe ich ...“

**Beschreibung des Arbeitsprozesses**

- Wie bist du vorgegangen?
- Wo hast du Informationen eingeholt?
- Welche Informationen hast du eingeholt?
- Wie hast du entschieden, welche Informationen wichtig und welche unwichtig sind?

**Ergebnis**

- Was sind die Kennzeichen für Rassismus in der Kolonialzeit?
- Wie sicher bist du dir deiner Erkenntnisse?
- Was ist dein stärkstes Argument? Wovon bist du vollkommen überzeugt?
- Wo hast du noch Zweifel?

**Beurteilung**

- Gelten deine Ergebnisse für die gesamte Kolonialzeit?
- Für welchen Zeitraum gelten sie?
- Für welche Region?
- Gelten die Ergebnisse auch noch für heute?

Formulierungshilfen: „Einerseits ..., andererseits ...“; „Zwar ..., aber ...“

**Abb. 14: Essayplan (in Anlehnung an Mierwald/ Brauch 2015).**

# 7. Ausblick

Das hier skizzierte Beispiel ist lediglich als Impuls zu verstehen. Eine Konkretisierung kann nur vor dem Hintergrund der jeweiligen Lerngruppe erfolgen. Es handelt sich daher auch nur um *einen* möglichen Weg, um kooperatives historisches Lernen in offenen Unterrichtsformen zu erreichen. In der Praxis wird es immer verschiedene andere Wege geben. Gleichwohl kann gesagt werden, dass für jegliche Planung inklusiven Geschichtsunterrichts die reflektierende Rolle der Lehrkraft ausschlaggebend ist. So muss nicht nur auf methodischer Ebene analysiert werden, welche Lernwege historische Aneignungsprozesse subjektiv möglich machen. Vielmehr muss auch das Verständnis von Geschichtsunterricht generell reflektiert werden: Welche Geschichten sind für wen geeignet, um historische Sinnbildung zu ermöglichen? Diese Frage muss stets neu gestellt werden. Die Bedeutung von Geschichtslehrpersonen für die konkrete Ausgestaltung von Lehrplänen in den jeweiligen Schulen unter Berücksichtigung inklusiver Perspektiven ist somit deutlich gestiegen. Die vielfach geforderte Multiprofessionalität bzw. Interdisziplinarität ist zudem notwendig, um gelingenden Unterricht zu planen – auch wenn die Bedingungen an den Schulen oft noch nicht diesen Idealzustand erreicht haben.

Für den Geschichtsunterricht eröffnet die Inklusion auch die Chancen, dass nunmehr tatsächlich ein solcher Unterricht stattfindet, der den Lernenden Spaß macht und sie motiviert, sich mit Vergangenheit und Geschichte zu befassen.

# Literatur

Adamski, Peter/Markus Bernhardt (2014). Historisches Lernen diagnostizieren: Lernvoraussetzungen – Lernprozesse – Lernleistungen. Schwalbach/Ts.

Adamski, Peter (2012). Diagnostizieren – Evaluieren – Leistung beurteilen. In: Barricelli, Michele/Lücke, Martin (Hg.). Handbuch Praxis des Geschichtsunterrichts (Bd. 1, S. 401–435). Schwalbach/Ts.

Alavi, Bettina (2015). Leichte Sprache und historisches Lernen. In: Zeitschrift für Geschichtsdidaktik, 14, S. 169–190.

Alavi, Bettina (2016). Narrative Kompetenz im inklusiven Geschichtsunterricht?! Ein Unterrichtsversuch. In: Alavi, Bettina/Lücke, Martin (Hg.). Geschichtsunterricht ohne Verlierer!? Inklusion als Herausforderung für die Geschichtsdidaktik (S. 85–100). Schwalbach/Ts.

Alavi, Bettina/Barsch, Sebastian (2018). Vielfalt vs. Elite? Geschichtsunterricht zwischen Subjektorientierung und Standardisierung. In: Sandkühler, Thomas/Bühl-Gramer, Charlotte/John, Anke/Schwabe, Astrid/Bernhardt, Markus (Hg.). Geschichtsunterricht im 21. Jahrhundert: Eine geschichtsdidaktische Standortbestimmung (S. 189–207). Göttingen.

Alavi, Bettina/Franz, Eva-Kristina (2017). Inklusions-Material Geschichte Klasse 5–10: Sekundarstufe I (1. Aufl.). Berlin.

Badr Goetz, Nadja (2007). Das Dialogische Lernmodell. Grundlagen und Erfahrungen zur Einführung einer komplexen didaktischen Innovation in den gymnasialen Unterricht. Meidenbauer.

Degner, Bettina/Franz, Eva-Maria (2020). Ästhetik und historisches Lernen. In: Barsch, Sebastian/Degner, Bettina/Kühberger, Christoph/Lücke, Martin (Hg.). Handbuch Diversität im Geschichtsunterricht. Zugänge zu einer inklusiven Geschichtsdidaktik (S. 82–92). Frankfurt/M.

Alavi, Bettina/Terfloth, Karin (2013). Historisches Lernen im inklusiven Unterricht. In: Klauß, Theo/Terfloth, Karin (Hg.). Besser gemeinsam lernen! Inklusive Schulentwicklung. Heidelberg.

Ammerer, Heinrich/Hellmuth, Thomas/Kühberger, Christoph (Hg.) (2015). Subjektorientierte Geschichtsdidaktik. Schwalbach/Ts.

Barsch, Sebastian (2013). Historische Imagination von Schülern mit „Lernbehinderungen". Empirische Zugangsweisen und Ergebnisse einer Pilotierung. In: Hodel, Jan/Ziegler, Beatricé (Hg.). Forschungswerkstatt Geschichtsdidaktik 12. Beiträge zur Tagung „geschichtsdidaktik empirisch 12 (S. 95–107). Bern.

Barsch, Sebastian (2014). Narrative der Vielfalt: Sonderpädagogische Potenziale für das historische Lernen. In: Barsch, Sebastian/Hasberg, Wolfgang (Hg.). Inklusiv – exklusiv: Historisches Lernen für alle (S. 40–59). Schwalbach/Ts.

Barsch, Sebastian (2016). Förderung der inklusiven Haltung bei angehenden Geschichtslehrkräften durch universitäre Praxisphasen. In: Kühberger, Christoph/Schneider, Robert (Hg.). Inklusion im Geschichtsunterricht. Zur Bedeutung geschichtsdidaktischer und sonderpädagogischer Fragen im Kontext inklusiven Unterrichts (S. 121–135). Bad Heilbrunn.

Barsch, Sebastian (2018a). Inklusion – Herausforderungen für die Ausbildung von Lehrpersonen. Seminar (3), S. 62–75.

Barsch, Sebastian (2018b). Sprachförderung und Sprachbedeutung im inklusiven Geschichtsunterricht. In: Grannemann, Katharina/Oleschko, Sven/Kuchler, Christian (Hg.). Sprachbildung im Geschichtsunterricht: Zur Bedeutung der kognitiven Funktion von Sprache (S. 91–106). Münster, New York.

Barsch, Sebastian (2019a). Historisch denken lehren in inklusiven Klassen: Gegenwart und Zukunft. In: Schreiber, Waltraud/Ziegler, Béatrice/Kühberger, Christoph (Hg.). Geschichtsdidaktischer Zwischenhalt. (S. 282–289). Münster.

Barsch, Sebastian (2019b). „Leichte Sprache" als Reflexionsanlass – ein inklusiver Workshop zur Geschichte der Special Olympics. In: Zeitschrift für Didaktik der Gesellschaftswissenschaften, S. 113–125.

Barsch, Sebastian/Barte, Burghard (2020). Historisches Denken von Schüler_innen mit sonderpädagogischem Förderbedarf: Einblicke in die Forschung. In: Barsch, Sebastian/Degner, Bettina/Kühberger, Christoph/Lücke, Martin (Hg.). Handbuch Diversität im Geschichtsunterricht. Zugänge zu einer inklusiven Geschichtsdidaktik (S. 188–201). Frankfurt/M.

Barsch, Sebastian/Degner, Bettina/Kühberger, Christoph/ Lücke, Martin (2020). Einleitung: Diversität im Geschichtsunterricht – Zugänge zu einer inklusiven Geschichtsdidaktik. In: Dies. (Hg.). Handbuch Diversität im Geschichtsunterricht. Zugänge zu einer inklusiven Geschichtsdidaktik (S. 9–26). Frankfurt/M.

Barsch, Sebastian/Dziak-Mahler, Myrle (2014). Problemorientierung inklusive – Historisches Lernen im inklusiven Unterricht. In: Amrhein, Bettina/Dziak-Mahler, Myrle (Hg.). Fachdidaktik inklusiv: Auf der Suche nach didaktischen Leitlinien für den Umgang mit Vielfalt in der Schule [Fachtagung des ZfL] (S. 119–132). Münster.

Barsch, Sebastian/Kühberger, Christoph (2020). Mit allen Sinnen lernen? Zur Vielseitigkeit des historischen Lernens. In: Barsch, Sebastian/Degner, Bettina/Kühberger, Christoph/Lücke, Martin (Hg.). Handbuch Diversität im Geschichtsunterricht. Zugänge zu einer inklusiven Geschichtsdidaktik (S. 385–404). Frankfurt/M.

Barsch, Sebastian/Leinung, Silja (2019). Übersetzen von Quellen in „Leichte Sprache": Eine Möglichkeit der gemeinsamen historischen Sinnbildung in heterogenen Lerngruppen. In: Geschichte Lernen, S. 10–15.

Barsch, Sebastian/Lücke, Martin (2020). Barrierefreiheit bei Quellen und Darstellungen. In: Barsch, Sebastian/Degner, Bettina/Kühberger, Christoph/Lücke, Martin (Hg.). Handbuch Diversität im Geschichtsunterricht. Zugänge zu einer inklusiven Geschichtsdidaktik (S. 365–374). Frankfurt/M.

Bernhardt, Markus (2011). Die visuelle Wahrnehmung des Historischen. Zur theoretischen und empirischen Begründung einer Wahrnehmungskompetenz. In: Barricelli, Michele/Becker, Axel/Heuer, Christian (Hg.). Jede Gegenwart hat ihre Gründe. Geschichtsbewusstsein, historische Lebenswelt und Zukunftserwartung im frühen 21. Jahrhundert (S. 160). Schwalbach/Ts.

Bernhardt, Markus/Wickner, Mareike (2015). Die narrative Kompetenz vom Kopf auf die Füße stellen. Sprachliche Bildung als Konzept der universitären Geschichtslehrerausbildung. In: Benholz, Claudia/Frank, Magnus/Gürsoy, Erkan (Hg.). Deutsch als Zweitsprache in allen Fächern. Konzepte für Lehrerbildung und Unterricht. Stuttgart, S. 281–296.

Bock, Bettina (2014). „Leichte Sprache": Abgrenzung, Beschreibung und Problemstellung aus Sicht der Linguistik. In: Jekat-Rommel, Susanne/Jüngst, Heike Elisabeth/Schubert, Klau /Villiger Claudia (Hg.). Sprache barrierefrei gestalten: Perspektiven aus der Angewandten Linguistik. Berlin.

Bormuth, Heike/Körber, Andreas/Seidl, Patrizia (2020). Inklusive Diagnostik. Ein Werkzeug zur Planung inklusiven (Geschichts-)Unterrichts In: Barsch, Sebastian/Degner, Bettina/Kühberger, Christoph/Lücke, Martin (Hg.). Handbuch Diversität im Geschichtsunterricht. Zugänge zu einer inklusiven Geschichtsdidaktik (S. 338–394). Frankfurt/M.

Born, Nicky u.a. (2019). Forum Geschichte – Nordrhein-Westfalen Gymnasium G9. Berlin.

Brauer, Juliane/Lücke, Martin (Hg.) (2013). Emotionen, Geschichte und historisches Lernen. Geschichtsdidaktische und geschichtskulturelle Perspektiven. Göttingen.

Brüning, Ludger/Saum, Tobias (2009). Individuelle Förderung durch kooperatives Lernen. In: Kunze, Ingrid/Solzbacher, Claudia (Hg.). Individuelle Förderung in der Sekundarstufe I und II. Baltmannsweiler, S. 83–90.

Dechow, Gundula/Reents, Konstanze/Tews-Vogler, Katja (2013). Inklusion Schritt für Schritt. Chance für Unterricht und Schule. Berlin.

Deile, Lars (2016). Auf dem Weg zu einer Ästhetik historischen Lernens. In: Buchsteiner, Martin/Nitsche, Martin (Hg.). Historisches Erzählen und Lernen. Historische, theoretische, empirische und pragmatische Erkundungen (S. 103–120). Wiesbaden.

Demuth, Reinhard/Ralle, Bernd/Parchmann, Ilka (2005). Basiskonzepte – eine Herausforderung an den Chemieunterricht. CHEMKON, 12 (2), S. 55–60. https://doi.org/10.1002/ckon.200510021

DZLM (Deutsches Zentrum für Lehrerbildung Mathematik (Hg.) (2019). Fünf Niveaustufen zur Planung differenzierten Fachunterrichtes (Unterrichtsreihen und Unterrichtsstunden) – Ein Modell zur Gestaltung von differenzierten Lernumgebungen im inklusiven Unterricht. Online unter: https://pikas.dzlm.de/pikasfiles/uploads/upload/Material/Haus_6_-_Heterogene_Lerngruppen/UM/UM_H6_Infopapier_5Niveaustufen_Mai17.pdf. Dort entnommen auch die Abbildung.

Fereidooni, Karim (2012). Kinder mit Migrationshintergrund im deutschen Schulwesen – Benachteiligung aus (bildungs-)politischen Ursachen? In: Gesellschaft – Wirtschaft – Politik (GWP), (3), S. 363–371.

Ferretti, Ralph P./MacArthur, Charles D./Okolo, Cynthia M. (2001). Teaching for Historical Understanding in Inclusive Classrooms. In: Learning Disability Quarterly, 24 (1), 59. https://doi.org/10.2307/1511296

Feuser, Georg (1989). Allgemeine integrative Pädagogik und entwicklungslogische Didaktik. In: Behindertenpädagogik, 28, S. 4–48.

Feuser, Georg (1999). Integration – eine Frage der Didaktik einer Allgemeinen Pädagogik. In: Behinderte (1), S. 39–48.

Feyerer, Ewald (1998). Behindern Behinderte? Integrativer Unterricht auf der Sekundarstufe I. Innsbruck.

forsa (2016). Inklusion an Schulen aus Sicht der Lehrerinnen und Lehrer – Meinungen, Einstellungen und Erfahrungen Ergebnisse einer repräsentativen Lehrerbefragung in Nordrhein-Westfalen. Abgerufen von https://www.vbe-nrw.de/downloads/PDF%20Dokumente/Forsa_Inklusion_Ergebnisse.pdf

Fromm, Martin (2019). Diversität in der Schule: Herausforderungen für Erziehung und Bildung in der Sekundarstufe. Abgerufen von https://www.utb-studi-e-book.de/9783838551364

Gargiulo, Richard M./Metcalf, Deborah J. (2017). Teaching in today's inclusive classrooms: a universal design for learning approach (Third edition). Boston, MA: Cengage Learning.

Gibbons, Pauline (2015). Scaffolding language, scaffolding learning: teaching English language learners in the mainstream classroom (Second edition). Portsmouth.

Gibbons, Pauline (2002). Scaffolding language, scaffolding learning: teaching English language learners in the mainstream classroom. Portsmouth.

Grünke, Mathias (2006): Zur Effektivität von Fördermethoden bei Kindern und Jugendlichen mit Lernstörungen. Eine Synopse vorliegender Metaanalysen. In: Kindheit und Entwicklung 15, S. 238–253.

Haberzettl, Stefanie (o. J.). Scaffolding – eine Methode für den sprachsensiblen Unterricht. Abgerufen von https://www.uni-saarland.de/fileadmin/user_upload/Professoren/fr41_ProfHaberzettl/studium/Übung_DaZ_Mirja/Scaffolding.pdf

Hamann, Christoph/Krehan, Thomas (2013). Wortschatzarbeit im Geschichtsunterricht. In: LISUM (Hg.). LISUM-Material zum sprachsensiblen Fachunterricht; didaktischer Rahmen, Praxisbeispiele meist für Sekundarstufe I, Methoden für alle Schulstufen. Berlin. Abgerufen von https://bildungsserver.berlin-brandenburg.de/fileadmin/bbb/themen/sprachbildung/Durchgaengige_Sprachbildung/Publikationen_sprachbildung/sprachsensibler_fachunterricht/6_Sprachsensibler_Fachunterricht-Geschichte.pdf

Handro, Saskia (2015). Sprache(n) und historisches Lernen. Eine Einführung. In: Zeitschrift für Geschichtsdidaktik, 14, S. 5–24.

Häussler, Anne (2005). Der TEACCH-Ansatz zur Förderung von Menschen mit Autismus – Einführung in Theorie und Praxis. Dortmund.

Hesse, Ingrid/Latzko, Brigitte (2017). Diagnostik für Lehrkräfte (3., vollständig überarbeitete und erweiterte Aufl.). Opladen.

Heuer, Christian (2007). Kompetenzraster im Geschichtsunterricht. Erstellung und Einsatz einer Diagnosehilfe. In: Geschichte lernen, 116, S. 28–33.

Institut für Qualitätsentwicklung an Schulen/Schleswig-Holstein (IQSH) (Hg.) (2012). Inklusive Bildung. Materialien für eine barrierefreie Schule. Klasse 1–5. Kronshagen. Abgerufen von https://barrierefreie-schule.lernnetz.de/cms/die-handreichung.html?file=tl_files/barrierefreie_schule/pdf/Handreichung-Materialien_fuer_eine_barrierefreie_Schule.pdf

ISB (2019). Classroom Management. Online unter: http://www.inklusion.schule.bayern.de/download/371/classroom_management.pdf

Kampl, Sibylle (2016). Stationenlernen im Geschichtsunterricht. Allgemeine und fachspezifische Momente. Schwalbach/Ts.

Klein, Ferdinand (2018). Mit Janusz Korczak Inklusion gestalten. Göttingen. Online unter. https://doi.org/10.13109/9783666711435

Klemm, Klaus (2015). Inklusion in Deutschland. Daten und Fakten. Gütersloh. Abgerufen von https://www.bertelsmann-stiftung.de/fileadmin/files/BSt/Publikationen/Graue-Publikationen/Studie_IB_Klemm-Studie_Inklusion_2015.pdf

Kniffka, Gabriele (2013). Scaffolding. Möglichkeiten, im Fachunterricht sprachliche Kompetenzen zu vermitteln. In: Michalak, Magdalena/Kuchenreuther, Michaela (Hg.). Grundlagen der Sprachdidaktik Deutsch als Zweitsprache (2., unveränd. Aufl., S. 208–225). Baltmannsweiler.

Kniffka, Gabriele/Neuer, Birgit (2008). Wo geht's hier nach Aldi? – Fachsprachen lernen im kulturell heterogenen Klassenzimmer. In: Budke, Alexandra (Hg.). Interkulturelles Lernen im Geographieunterricht (S. 121–135). Potsdam.

Kocaj, Aleksander/Kuhl, Poldi/Kroth, Anna J./Pant, Hans Anand/Stanat, Petra (2014). Wo lernen Kinder mit sonderpädagogischem Förderbedarf besser? Ein Vergleich schulischer Kompetenzen zwischen Regel- und Förderschulen in der Primarstufe. In: KZfSS Kölner Zeitschrift für Soziologie und Sozialpsychologie, 66 (2), S. 165–191. https://doi.org/10.1007/s11577#-014#-0253#-x

Köhnen, Monika/Roos, Erika (2002). Nichtsprechende Kinder reden mit: Unterstützte Kommunikation im Unterricht. Dortmund.

Konrad, Klaus/Traub, Silke (2010). Kooperatives Lernen. Theorie und Praxis in Schule, Hochschule und Erwachsenenbildung. Baltmannsweiler.

Krammer, Reinhard/Kühberger, Christoph (2011). Bilder im Unterricht – eine geschichtsdidaktische Perspektive In: Ammerer, Heinrich/Windischbauer, Elfriede (Hg.). Kompetenzorientierter Unterricht in Geschichte und Politischer Bildung: Diagnoseaufgaben mit Bildern (S. 12–20). Wien.

Krull, Johanna/Wilbert, Jügen/Hennemann, Thomas (2014). Soziale Ausgrenzung von Erstklässlerinnen und Erstklässlern mit sonderpädagogischem Förderbedarf im Gemeinsamen Unterricht. In: Empirische Sonderpädagogik, 6 (1), S. 59–75. https://doi.org/urn:nbn:de:0111#-opus-92453

Kühberger, Christoph (2012). Konzeptionelles Wissen als besondere Grundlage des historischen Wissens. In: Ders. (Hg.). Historisches Wissen. Geschichtsdidaktische Erkundungen zu Art, Tiefe und Umfang für das historische Lernen (S. 33–74). Schwalbach/Ts.

Kühberger, Christoph (2014). Leistungsfeststellung im Geschichtsunterricht: Diagnose – Bewertung – Beurteilung. Schwalbach/Ts.

Kühberger, Christoph/Barsch, Sebastian (2020). Lernsettings für einen inklusiven Geschichtsunterricht. Zugänge für diversitätssensibles und individuelles historisches Lernen. In: Barsch, Sebastian/Degner, Bettina/Kühberger, Christoph/Lücke, Martin (Hg.). Handbuch Diversität im Geschichtsunterricht. Zugänge zu einer inklusiven Geschichtsdidaktik (S. 297–310). Frankfurt/M.

Kühberger, Christoph/Windischbauer, Elfriede (2012). Individualisierung und Differenzierung im Geschichtsunterricht. Offenes Lernen in Theorie und Praxis. Schwalbach/Ts.

Leidner, Rüdiger (2007). Die Begriffe „Barrierefreiheit", „Zugänglichkeit" und „Nutzbarkeit" im Fokus. In: Föhl, Patrick S./Erdrich, Stefanie/John, Hartmut/Maaß, Karin (Hg.). Das barrierefreie Museum: Theorie und Praxis einer besseren Zugänglichkeit: Ein Handbuch (S. 28–33). Bielefeld.

Lindsay, Geoff (2007). Educational psychology and the effectiveness of inclusive education/mainstreaming. In: British Journal of Educational Psychology, 77 (1), S. 1–24. https://doi.org/10.1348/000709906X156881

LISUM (2011a). Reziprokes Lesen – eine kooperative Lesemethode. Online unter: https://bildungsserver.berlin-brandenburg.de/themen/sprachbildung/lesecurriculum/lesen-im-unterricht/lesen-in-allen-faechern/reziprokes-lesen/?L=0

LISUM (2011b). Rollenkarten für das reziproke Lesen – Kopiervorlage. Online unter: https://bildungsserver.berlin-brandenburg.de/fileadmin/bbb/themen/sprachbildung/Lesecurriculum/lesen_in_allen_faechern/Rollenkarten__reziprokes_Lesen.pdf

Lücke, Martin (2015). Inklusion und Geschichtsdidaktik. In: Riegert, Judith/Musenberg, Oliver (Hg.). Inklusiver Fachunterricht in der Sekundarstufe. Stuttgart, S. 197–206.

Mierwald, Marcel/Brauch, Nicola (2015). Historisches Argumentieren als Ausdruck historischen Denkens: Theoretische Fundierung und empirische Annäherungen. In: Zeitschrift für Geschichtsdidaktik, 14 (1), S. 104–120. https://doi.org/10.13109/zfgd.2015.14e.1.104

Ministerium für Bildung, Wissenschaft und Kultur des Landes Schleswig-Holstein (BIMI) (Hg.) (2016). Fachanforderungen Geschichte. Kiel.

Minogue, James/Jones, M. Gail (2006). Haptics in Education: Exploring an Untapped Sensory Modality. In: Review of Educational Research, 76 (3), S. 317–348. https://doi.org/10.3102/00346543076003317

Musenberg, Oliver (2016). Perspektiven ‚eigensinniger Aneignung' von Geschichte. Impulse für die Theoriebildung inklusiver Geschichtsdidaktik. In: Alavi, Bettina/Lücke, Martin (Hg.). Geschichtsunterricht ohne Verlierer!? Schwalbach/Ts., S. 19–33.

Netzwerk Leichte Sprache (Hg. 2018). Die Regeln für Leichte Sprache. Münster. Online unter: http://www.leichte-sprache.de/dokumente/upload/21dba_regeln_fuer_leichte_sprache.pdf

Nohl, Florian (2014). Der Projektunterricht: Klasse 5–10; Grundlagen, Materialien, Bewertung (7. Aufl.). Hamburg.

Oswalt, Vadim (2016). Planung von Unterrichtseinheiten: Wie man Geschichte (an)ordnen kann. Schwalbach/Ts.

Paz, Susan De La/MacArthur, Charles (2003). Knowing the How and Why of History: Expectations for Secondary Students with and without Learning Disabilities. In: Learning Disability Quarterly, 26 (2), 142. https://doi.org/10.2307/1593596

Rea, Patricia J./McLaughlin, Virginia L./Walther-Thomas, Chriss (2002). Outcomes for Students with Learning Disabilities in Inclusive and Pullout Programs. In: Exceptional Children, 68 (2), S. 203–222. https://doi.org/10.1177/001440290206800204

Rehlinghaus, Katharina (2018). Portfolio. In: Praxis Geschichte, (1), I-IV.

Sauer, Michael (2016). Bilder im Geschichtsunterricht (5. Aufl.). Seelze.

Sieberkrob, Matthias (2017). Methodenblatt: Einen historisch argumentierenden Text schreiben. In: Caspari, Daniela (Hg.). Sprachbildung in den Fächern: Aufgabe(n) für die Fachdidaktik. Materialien für die Lehrkräftebildung. Berlin (Anhang zu Kap. 2.4). Auch online unter https://www.sprachen-bilden-chancen.de/images/sprachbildende_Materialien/Manual/SBC-Manual_Gesamtpublikation.pdf

Scholz, Daniel (2019). Kooperatives Lernen. In: Ziemen, Kerstin (Hg.). Inklusion Lexikon. Online unter: http://www.inklusion-lexikon.de/KooperativesLernen_Scholz.pdf

Schreiber, Waltraud/Körber, Andreas/Krammer, Reinhard/Borries, Bodo von/Leutner-Ramme, Sibylla/Mebus, Sylvia/Ziegler, Beatricé (Hg.) (2006). Historisches Denken: Ein Kompetenz-Strukturmodell (2. Aufl). Neuried.

Schwabe, Astrid (2020). Historisches Lernen in Schulen der Vielfalt und Herausforderungen der Digitalisierung. In: Barsch, Sebastian/Degner, Bettina/Kühberger, Christoph/Lücke, Martin (Hg.). Handbuch Diversität im Geschichtsunterricht. Zugänge zu einer inklusiven Geschichtsdidaktik (S. 350–364). Frankfurt/M.

Smith, Neil (2010). History teacher's handbook. London, New York.

Stunz, Holger R. (2007). Transparenz und Selbstsicherheit. Selbstdiagnosebögen im Anfangsunterricht. In: Geschichte lernen, 116, S. 14–20.

Trautwein, Ulrich/Bertram, Christiane/Borries, Bodo von/Brauch, Nicola/Hirsch, Michael/Klausmeier, Kathrin/Körber, Andreas/Kühberger, Christoph/Meyer-Hamme, Johannes/Merkt, Martin/Neureiter, Herbert/Schwan, Stephan/Schreiber, Waltraud/Wagner, Wolfgang/Waldis, Monika/Werner, Michael/Ziegler, Beatrice/Zuckowski, Andreas (2017). Kompetenzen historischen Denkens erfassen: Konzeption, Operationalisierung und Befunde des Projekts „Historical Thinking – Competencies in History" (HiTCH). Münster.

Völkel, Bärbel (2017). Inklusive Geschichtsdidaktik: Vom inneren Zeitbewusstsein zur dialogischen Geschichte. Schwalbach/Ts.

Wember, Franz B. (2013). Herausforderung Inklusion: Ein präventiv orientiertes Modell schulischen Lernens und vier zentrale Bedingungen inklusiver Unterrichtsentwicklung. In: Zeitschrift für Heilpädagogik, (10), S. 380–388.

Wilhelm, Marianne (2012). Entwicklungsdidaktik als Antwort auf den Anspruch der Individualisierung in der inklusiven Schule. In: Zeitschrift Für Inklusion, 1/2. Abgerufen von https://www.inklusion-online.net/index.php/inklusion-online/article/view/64/64

Wineburg, Samuel S. (2001). Historical thinking and other unnatural acts: charting the future of teaching the past. Philadelphia.

Wolter, Heike (2018). Forschend-entdeckendes Lernen im Geschichtsunterricht. Frankfurt/M.

Icons made by Freepik, Good Ware, Kiranshastry, Darius Dan, Eucalyp and Smashicons from www.flaticon.com